BUR

Biblioteca Universale Rizzoli

Teatro Ambra Jovinelli

Esmeralda Calabria,
Andrea D'Ambrosio,
Peppe Ruggiero

Biùtiful cauntri

Prefazione di Luigi Ciotti

BUR senzafiltro

In collaborazione con Studio Uno s.r.l.
e Teatro Ambra Jovinelli

Prima edizione BURsenzafiltro: maggio 2008

Prefazione
di Luigi Ciotti

Consola che, in mezzo a tanti reality che ci anestetizzano ogni giorno dallo schermo televisivo, ci sia ancora lo spazio e la possibilità per qualche documento-verità, come *Biùtiful cauntri*. Di spazio magari ce n'è poco: il sistema culturale e mediatico nel suo complesso, non solo quello televisivo, sembrano spesso refrattari a ospitare analisi e parole scomode, come sempre è scomoda la verità. Ma c'è la passione civile e il coraggio di chi quella possibilità la costruisce, faticosamente, ma con determinazione. E anche nell'industria culturale c'è chi è disponibile a mettersi in gioco, a scommettere sul fatto che l'impegno civile non sia necessariamente un cattivo affare, che le esigenze dei conti e del marketing possano comunque incontrarsi con la forza della denuncia sociale, dell'inchiesta sul campo.

È così che un viaggio vero nel paese reale, come questo di Esmeralda Calabria, Andrea D'Ambrosio e Peppe Ruggiero, può essere conosciuto e circolare, informare, documentare e auspicabilmente scuotere coscienze un po' distratte e assopite.

Eravamo più di centomila, sabato 15 marzo 2008 a Bari, ad ascoltare e scandire i nomi delle vittime delle mafie durante la Giornata della memoria e dell'impegno, a testimoniare la prossimità verso i loro famigliari, a sollecitare la ricerca della verità, a manifestare concretamente un impegno che attraversa le generazioni e unisce le differenti aree del paese. Oltre 700 nomi, ognuno dei quali rimanda a storie, a vite interrotte, a famiglie amputate. Ma da quel terribile elenco mancano tantissime altre vittime, impossibili da conoscere e da contare. Tra queste, vi sono anche quelle avvelenate e uccise dalla camorra dei rifiuti. Mangiate dal cancro o svuotate dalle leucemie.

La correlazione tra lo smaltimento illegale dei rifiuti in Campania e l'aumento dei tumori è ormai comprovata anche da studi scientifici. Come quello recentemente effettuato da Graziella Caselli, tra i maggiori esperti mondiali in materia, professore ordinario di Demografia alla Sapienza di Roma, componente del consiglio scientifico dell'Unione internazionale per lo Studio scientifico della popolazione – e da Rosa Maria Lipsi, ricercatrice presso la stessa università, che ha preso in esame i tassi di mortalità dei comuni della Campania nel periodo 1982-2001. Relativamente alle province di Napoli e Caserta, le studiose rilevano tra l'altro: «Nel periodo in esame, a livello provinciale la mortalità complessiva è diminuita del 12% a Caserta e del 20% a Napoli, mentre quella prodotta dai tumori maligni ha subito un aumento rispettivamente del 29% e dell'8%. Tutto ciò si verifica quando per l'Italia la mortalità per queste cause diminuisce del 5% circa». Dati che appaiono di grande preoccupazione, anche riguardo gli sviluppi futuri.

Chissà se saremo mai in grado di appurare davvero l'entità della strage invisibile e perfida, che intossica attraverso l'aria, l'acqua, la catena alimentare, causata dalle mani camorristiche sul ciclo dei rifiuti. Chissà se si riuscirà prima o poi, grazie all'importante lavoro di tanti magistrati e investigatori, a fare pagare a questi signori il reato di strage, insieme a quello di disastro ambientale.

Perché, oltre ai nomi e alle storie degli uccisi, bisogna ricordare che, prima ancora, le mafie assassinano il territorio, le città, i luoghi e la condizione stessa della vita. Una «mattanza ambientale, cinica, violenta, feroce, anche se non spara e non uccide», la definiscono gli autori. Proprio come avviene a Napoli e in Campania, ferite a morte non già dai rifiuti e dalla diossina, che avvelena uomini e animali, fiumi e campagne, ma dall'impresa criminale che li gestisce, che impedisce soluzioni razionali, efficaci e durature. Perché il malaffare, l'intreccio tra criminalità e cattiva politica, attecchiscono e ingrassano laddove i problemi vengono lasciati marcire, trasformati in emergenza. E l'emergenza è sempre una comoda coperta dietro cui mascherare illeciti e complicità, business e veloci arricchimenti, uno schermo che consente procedure d'urgenza, deroghe ai controlli, scarsa trasparenza, consulenti e stanziamenti. I 14 anni di "emergenza infinita", cominciati con la nomina del primo commissario straordinario nel 1994, (l'attuale, Gianni De Gennaro, è il nono), in Campania hanno portato, si ricorda nelle pagine che seguono, circa due miliardi di euro, «spesi per finanziare un grande carrozzone politico. Maestranze, ingegneri, consulenti, tecnici, politici». Ma, viene giustamente osservato, se un'emergenza dura da 14 anni, non è più tale: è diventata "normalità".

È cosi che da vent'anni la camorra può gestire anche questo, tra i tanti filoni dell'impresa criminale. Da una parte, c'è il fiume di denaro che scorre impetuoso, dall'altra, c'è la devastazione, la guerra in cui hanno perso tutti: i cittadini, le diverse istituzioni, la politica, gli imprenditori onesti. Vince solo l'organizzazione criminale, la camorra che «è forza di governo». Ma se lo è, è anche perché «nessuno vede, nessuno sente... ancora una volta tutti sanno, ma nessuno fa nulla», scrivono Esmeralda, Andrea e Peppe, chiedendo finalmente fatti.

Eppure, è anche il loro lavoro, le immagini dell'omonimo film con la loro regia e ora le pagine di questo libro che diventano fatti, azioni, stimoli, emozioni e dunque ci ricordano che, se è vero che le parole sono diventate stanche, se rischiano di scadere in vuota retorica o di perdersi nel pozzo delle buone intenzioni, se mascherano le responsabilità, le incompetenze e talvolta le complicità della politica e delle amministrazioni, se possono trasformarsi in un'avvolgente e mistificante muro di gomma, se possono dunque costituire la malattia, allo stesso tempo sono la necessaria medicina, lo strumento della riscossa, la condizione del cambiamento, il mezzo di disvelamento delle verità nascoste, di scuotimento dalla rassegnazione e dalla passività, l'antidoto alle tossine dell'indifferenza e anche a quelle del potere, con le sue lusinghe, i suoi piedistalli, le sue distanze. E il potere illegale, quello del sistema camorristico e mafioso, anche se è infiltrato e talvolta radicato nel territorio, anche se conosce e governa pezzi interi delle città, non è meno distante dalle esigenze concrete delle persone di quanto lo sono i palazzi della politica e delle caste. Usa i bisogni dei cittadini, li strumentalizza, per dare loro risposte distorte e ingannevoli: ma è lui, il potere criminale, all'origine di quegli stessi disagi, come da decenni avviene sul fronte dei rifiuti. Dalla drammatizzazione e dalle mancate soluzioni di questo problema ricava montagne di denaro. Lo ha ammesso uno dei boss davanti al magistrato: «'A monnezza è oro». Non per niente una delle azioni di contrasto messe in atto dalla procura di Napoli si è chiamata operazione «Re Mida» (altrettanto significativo il nome dell'inchiesta di Santa Maria Capua Vetere: operazione «Chernobyl»). Per impadronirsi del fiume d'oro, gli ecocriminali non si fermano davanti a nulla, la salute degli abitanti di intere città e territori non vale niente; si arricchiscono e al contempo consolidano e diversificano il loro dominio: «La camorra, organizzazione dai mille rivoli, diventa insomma sistema. Un autentico contropotere, Stato nello Stato, che detta regole, che impone ferree leggi, che non trascura nessuna strada per estendere i suoi tentacoli su ogni "fabbrica di denaro"».

Una fabbrica dove vi sono migliaia e migliaia di manovali, centinaia e centinaia di capireparto e poche decine di affaristi al vertice. Quelli che tirano le fila, che colludono con la politica, quelli che trafficano con le banche compiacenti, quelli che investono gli ingenti profitti nel nord Italia e all'estero, quelli che neppure usano le armi: altri si sporcano le mani per loro. Altri trasportano quella teoria infinita di camion carichi di spazzatura, e anche di veleni (scorie, liquidi contaminati, metalli, polveri, diossine, amianto), generalmente da nord a sud, per essere infine smaltiti come e dove capita, inquinando suoli e falde: messi in fila, scrivono gli autori, sarebbe una colonna di Tir lunga 1000 chilometri, che negli ultimi tre anni ha invaso la regione con 13 milioni di tonnellate di rifiuti.

Un'impresa ramificata e tentacolare, con pochi padroni e una miriade di succursali. Questo documentato libro ci ricorda che la Direzione nazionale antimafia ha controllato ben 377 società operanti nel settore rifiuti: 28 società e 257 soggetti sono risultati in evidente rapporto con le cosche camorristiche, e forse questa è solo la punta dell'iceberg. Non è facile infatti per gli inquirenti, spesso dotati di scarsi mezzi, illuminare tutti i meandri del dedalo criminale, arrivare a capo del sistema di scatole cinesi, di prestanome, di documentazioni e licenze fasulle. Il "Re Mida" può nascondersi e corrompere, inabissarsi quando serve e trasformarsi come un camaleonte quando si sente minacciato, scegliendo un altro contenitore, aprendo un'altra società, in una incessante girandola. E può godere di ampie protezioni. Agli albori della impresa ecocriminale, nel sistema di alleanze, complicità e cointeressenze non vi sono solo boss e camorristi: a fare affari assieme a loro vi sono massoni, avvocati, assessori, imprenditori.

Un'ecomafia moderna e globalizzata che, da ultimo, ha stabilito flussi di invio dei rifiuti persino in Cina: un nuovo gigantesco business, nuovi territori da avvelenare.

In questo libro ci sono tutti i nomi e tutte le tappe. A partire da quel fondamentale atto di nascita dell'ecocriminalità che risale alla "madre di tutte le emergenze": il terremoto del 23 novembre 1980, con epicentro nell'Irpinia che, oltre a morti, feriti, paura, dolore e devastazione, ha paracadutato su quelle terre decine di migliaia di miliardi di lire, quanto una finanziaria, in molta parte a beneficio della criminalità organizzata. Da qui l'innesco di patti scellerati tra cosche, politici, funzionari e amministratori infedeli delle istituzioni, l'apprendistato dei sistemi di alleanze, la tessitura delle reti con affaristi e imprenditori.

Il problema dei rifiuti non dipende solo dal tallone di ferro imposto al territorio da parte delle organizzazioni criminali. C'è, in generale, una questione di politiche efficaci che devono essere messe in campo, di culture diffuse che occorre promuovere, di una complessiva visione della gestione delle città e dei beni comuni che metta al centro le persone e la loro salute come valore primario, inderogabile. Bisogna ridurre i rifiuti, razionalizzare i consumi, riutilizzare e riciclare, educare a comportamenti responsabili, moltiplicare le iniziative delle associazioni, come quella meritoria di Legambiente *Puliamo il mondo*. Ci sono strategie di medio e lungo respiro da mettere in atto, culture che vanno pazientemente costruite e promosse, a partire dalle famiglie e dalle scuole.

Ma, assieme e adesso, c'è questa "non-emergenza" del sistema ecocriminale, con la sua quotidiana devastazione del territorio e avvelenamento della popolazione, da affrontare e da battere. E prima ancora da disvelare completamente. Un compito che non può essere delegato solo alle istituzioni e agli investigatori. Ci riguarda tutti. Tutti siamo chiamati a dare il nostro contributo. Attraverso l'impegno civile, informandoci e documentandoci, imparando il coraggio della memoria e della denuncia, di cui questo libro è una preziosa testimonianza.

Luigi Ciotti,
presidente di Libera.
Associazioni, nomi e numeri contro le mafie

Arrivando a Biùtiful cauntri

Veleni, sostanze tossiche, mercurio, melme acide viaggiano di notte sui Tir che dalla Lombardia, dal Veneto e dalla Toscana attraversano l'autostrada del Sole diretti a sud, verso una destinazione sicura.

Li riconosci perchè sono anonimi, non hanno né marchi né scritte che ne indichino contenuto e provenienza e alcuni hanno solo l'effigie del santo che vanta il più alto numero di devoti in Campania: Padre Pio.

Giungono in quella che è ormai nota come la "Terra dei Fuochi": Qualiano, Giugliano, Villaricca, Acerra... Qui, a 25 km da Napoli e a 200 da Roma, comincia l'area che nel piano regolatore della camorra è stata assegnata alla sepoltura illecita dei rifiuti. È una zona ampia, divisa tra i clan che controllano il napoletano e il gruppo dei Casalesi. Appena si esce dall'autostrada che porta verso sud, si entra nell'Asse mediano, un ammasso informe di asfalto e cemento, crivellato di buche. Intorno, palazzi alveare che sventolano panni stesi alle finestre. Sembra di essere in Africa o in un posto devastato dalla guerra.

È il febbraio del 2007.

Incontriamo Raffaele Del Giudice al bar Rosselli di Qualiano. Sale sulla nostra auto e ci invita a fermarci in un vicolo appartato dove possiamo parlare e spiegare il nostro progetto.

Poi si mette alla guida. Attraversiamo una strada di campagna, appena fuori del paese. A destra e sinistra, campi coltivati, e ai lati, sul bordo della strada deserta, montagne di rifiuti, casse di pesce putrefatto, un mare di copertoni, lastre di amianto, grandi sacchi aperti da cui fuoriescono polveri di rifiuti industriali, un cadavere di cane.

Presto, appena calerà il buio, si trasformeranno in colonne di fuoco alte decine di metri e il loro fumo, nero come la pece, invaderà tutto lo spazio intorno. Lle persone che abitano lì vicino si tapperanno in casa, metteranno stracci bagnati per coprire le fessure di porte e finestre, la puzza sarà insopportabile, gli occhi e la gola bruceranno.

Il viaggio continua, la strada è lunga e diritta e non smettiamo mai di guardare esterrefatti fuori dal finestrino questi chilometri di abbandono.

Raffaele è un educatore ambientale, è nato e vive a Qualiano da 40 anni ed è uno dei maggiori conoscitori dei luoghi dove sono concentrate le discariche illegali. Conosce le modalità di sversamento dei rifiuti tossici, gli orari in cui avvengono queste operazioni.

Continuiamo insieme a lui il nostro viaggio.

Nessun cartello indica cosa sia questa enorme cava circondata da inferriate e mura, difesa da cani randagi e vigilantes. Ci spiega che questa è la discarica regionale di Villaricca, precisamente Cava Riconta. Ci avviciniamo, vorremmo visitarla ma subito siamo invitati ad allontanarci e soprattutto a spegnere la telecamera.

«Questo è suolo privato» ci dice un vigilante molto determinato.

«E di chi è?»

«Come di chi è? È dello Stato!»

Queste sono le discariche regionali, gli impianti di smaltimento dei rifiuti che avrebbero dovuto risolvere quell'infinita storia dell'emergenza rifiuti in Campania, di quel commissariamento che l'11 febbraio del 2008 ha compiuto 14 anni.

Nessuno può entrare se non con un'autorizzazione della Procura.

Ma quella discarica non ha le misure di sicurezza: il percolato, il liquido velenosissimo prodotto dalle discariche, non sa dove confluire se non nei fiumi e nelle terre coltivate vicino alle discariche stesse.

E i contadini, che fanno solo *i contadini* da generazioni, non possono far altro che innaffiare con l'acqua potabile i loro campi ormai deserti. Presto venderanno la loro terra a prezzi stracciati alla criminalità organizzata, che a sua volta la rivenderà a prezzi quintuplicati agli organi commissariali.

È sotto gli occhi di tutti.

Ma nessuno fa niente.

Nelle settimane successive (le riprese sono durate 5 settimane) abbiamo frequentato spesso quei luoghi, abbiamo dormito in un alberghetto proprio vicino alla discarica e anche noi abbiamo chiuso le finestre per non far entrare quel fetore insopportabile che non dà tregua, sperando che cambiasse presto il vento.

La questione profonda era e resta: come è possibile vivere tutti i giorni, tutte le notti così? Come è possibile chiedere a dei cittadini di addomesticare la loro esistenza a una situazione così inverosimile?

Acerra

Andiamo a trovare le uniche due famiglie di allevatori di pecore.

L'inferno vero comincia qui.

Cadaveri di agnellini chiusi in sacchi di plastica e appesi alla rete di recinzione in attesa del "camion della morte", come lo chiamano i bambini che giocano e fanno i compiti nell'aia spelacchiata dove è collocata la loro casa roulotte, il camion adibito al recupero delle carcasse di animali che muoiono a causa della diossina.

Sì, perchè c'è anche la diossina che ha invaso i terreni dove crescono i pomodori, i finocchi, l'erba di cui le pecore si nutrono e che ne causa la morte.

E anche la nostra, probabilmente.

Da anni.

Ma nessuno lo dice e soprattutto gli organi preposti non fanno niente.

Imprenditori del nord mandano a sversare i loro liquami tossici in quell'altra Italia che è il sud. I loro rifiuti vengono sversati nei campi coltivati a prodotti destinati alle tavole di consumatori ignari, mescolati con il terreno, mescolati con il cemento.

La Campania è terra di nessuno.

L'Italia è terra di nessuno.

Biùtiful cauntri

Se questo resta com'è, siete perduti, il vostro amico è il cambiamento, il vostro compagno di lotta il dissidio, dal nulla dovete fare qualcosa, ma il potente deve divenire il nulla. Quello che avete abbandonatelo e prendetevi quello che si rifiuta.

Bertolt Brecht

Introduzione

Biùtiful cauntri: il paese dove nulla si risolve. Dove si attende da oltre dieci anni l'introduzione dei delitti ambientali nel codice penale. Il paese che ha visto dal 1991 ben 171 comuni sciolti per infiltrazione mafiosa. Il paese dove vige una prassi di corruzione, di compromessi, di spreco di denaro pubblico, di realizzazione di opere inutili. Dove la principale azienda economica è costituita dalla criminalità organizzata, con un fatturato pari a 90 miliardi di euro, il 7% del Pil nazionale, equivalente a 5 manovre finanziarie. Il paese dove le mafie fanno affari e si arricchiscono attraverso il riciclaggio dei soldi, operando in borsa con società che si inabissano nell'economia reale. E dove i processi per riciclaggio sono appena cinque. Un paese che assiste impotente, da 169 mesi a questa parte, all'accumulo di immondizia «stanziale».

E la Campania è simbolo e metafora di questo paese. Una regione colpita nel 1980 dalla catastrofe del terremoto dell'Irpinia che determinò l'arricchimento di una classe politica, di una camorra che divenne imprenditrice e che lasciò il testimone a un'altra grande catastrofe, quella dell'emergenza rifiuti. Il set è un territorio lunare, massacrato da rifiuti e veleni. I protagonisti sono trafficanti e camorristi, imprenditori conniventi e colletti bianchi. I politici sono spesso comparse distratte. Un film che in Campania dura da quattordici anni. Un lunghissimo piano-sequenza su carenze e disfunzioni, ma anche un *action movie* con criminali imprenditori che usano camion e roghi al posto della pistola. Da una parte, denaro sprecato e avvisi di garanzia in attesa di processi. Dall'altra, accanto alle montagne di ecoballe e di sacchetti per strada, i rifiuti illegali che ogni giorno arrivano dal nord e continuano a devastare la regione. Un'emergenza sociale, economica e criminale. Una delle pagine più tristi della politica italiana. In molti ci hanno lucrato.

Una vera e propria mattanza ambientale, cinica, violenta, feroce, anche se non spara e non uccide. Nessuno vede, nessuno sente. A Biùtiful cauntri, la camorra è forza di governo. Decenni di devastazione di un'intera regione, milioni e milioni di tonnellate di veleni sparsi, con un giro d'affari di circa 600 milioni di euro l'anno. E con una aumento di patologie tumorali che in alcune province, in primis quella casertana e napoletana, è pari al 400%. Siamo in un paese dove non basta più indignarsi. Serve disgusto, rabbia. Un paese dove tutto accade sotto gli occhi di tutti. Ma nessuno fa niente. Un paese dove le terre sono inquinate dai veleni tossici, dove gli animali muoiono di diossina, dove si gioca con la salute dei cittadini, dove da decenni si attende una bonifica del territorio. Ma in che paese viviamo?

Un paese inquinato

Alle radici dell'ecomafia

Alle 19,37 del 23 novembre 1980 due scosse sismiche di magnitudo 6,4 della scala Richter, della durata complessiva di un minuto e venti secondi, sconvolgono l'Irpinia e la Basilicata. Un minuto e venti secondi di terrore, in cui interi paesi si trasformano in tombe a cielo aperto. I numeri rendono subito la dimensione della tragedia: 2.735 morti, 8.848 feriti, 300.000 senzatetto. Saranno, per lungo tempo, le uniche cifre sicure del dopo terremoto. Bisognerà aspettare undici anni e la conclusione dei lavori di una Commissione parlamentare d'inchiesta, presieduta da Oscar Luigi Scalfaro, per aprire i primi squarci di luce sul buco nero dei finanziamenti pubblici, delle decine di migliaia di miliardi inghiottiti da quella che, giustamente, venne ribattezzata «Terremotopoli». Un minuto e venti secondi che aprono le porte a decenni di malgoverno, di devastazione ambientale, frutto di un intreccio perverso di corruzione e mancata vigilanza.

Oggi molti vorrebbero rimuovere questa memoria, archiviare ciò che è accaduto. Sarebbe un tragico errore, oltre che un insulto a chi ha sacrificato la propria vita quando si compiva il saccheggio delle risorse pubbliche e dell'ambiente. Nello scandalo del dopo terremoto, infatti, si rintracciano le radici profonde di quella che Legambiente ha ribattezzato come «ecomafia». Esplode, proprio negli anni Ottanta, sulle macerie del sisma, quel sistema economico-criminale che porterà, negli anni Novanta e fino ai nostri giorni, allo sfruttamento sistematico e illegale del territorio e delle risorse ambientali della Campania. In quella che la Procura di Napoli ha definito come «l'economia del terremoto», inoltre, si salda quel patto scellerato tra politici e amministratori locali, imprese, anche di rilievo nazionale, e boss che trasmetterà il virus dell'illegalità allo Stato, all'economia, alla classe industriale. Un patto che, tra il 1980 e il 2000, porterà all'arresto di ben 382 persone tra politici, amministratori locali, boss e affiliati ai clan camorristici, imprenditori e dirigenti d'impresa per gravi reati connessi agli appalti e ai lavori della ricostruzione (dalla corruzione all'associazione a delinquere di stampo mafioso).

Se i numeri non bastano, può essere utile rileggere uno stralcio della relazione sulla camorra approvata dalla Commissione parlamentare antimafia presieduta da Luciano Violante il 21 dicembre del 1993: «Affidate le sorti della ricostruzione a tale intreccio di interessi illeciti, l'intera operazione non poteva che fallire». Insomma, «se il terremoto non ci fosse stato, bisognava inventarlo».

Quegli ottanta secondi di terrore si sono trasformati, d'incanto, in una provvidenziale manna per affaristi senza scrupoli, camorristi, politici corrotti. Un patto di cui l'intero paese paga ancora oggi le conseguenze. Un'«economia dell'emergenza» che ha lasciato il testimone alla Rifiuti S.p.A. e al nuovo grande scandalo che ha colpito e continua a colpire la Campania: l'emergenza rifiuti. Stessa corruzione, stessi soldi spesi inutilmente, stessa inadeguatezza di un'intera classe politica. Ieri come oggi. Ieri, il fango e le macerie, oggi, i veleni tossici e le ecoballe che si sono trasformati nell'oro degli sperperi, della corruzione, degli arricchimenti illeciti. A pagarne le conseguenze sempre l'ambiente, il territorio, i cittadini onesti.

Le macerie dei clan

I veri beneficiari del dopo terremoto sono le organizzazioni criminali che, in virtù del business della ricostruzione, completano la trasformazione, in atto da tempo, in autentiche holding imprenditoriali. La camorra, nelle ore immediatamente successive alla tragedia, si presenta in modo molto più incisivo ed efficiente dello Stato. Nulla sembra sfuggire alla rapidità dei clan. Si manifestano sin dalle primissime fasi dell'emergenza, intervenendo nelle attività di rimozione delle macerie e nell'installazione dei prefabbricati. I clan si scatenano soprattutto nelle zone colpite in modo più violento dal sisma, dove sono già operative "famiglie" con un'esperienza imprenditoriale e dove sono immediatamente disponibili i finanziamenti statali. Questa fase è accompagnata da una penetrazione organica verso le nuove frontiere dell'entroterra, dalle province di Avellino e Benevento alla Basilicata. Le imprese camorriste, già radicate in provincia di Napoli e di Caserta, trovano nuove zone d'intervento: aree in cui il fenomeno della criminalità organizzata era quasi sconosciuto si ritrovano, di colpo, in prima linea. Quando è necessario, ovviamente, la camorra ricorre anche ai suoi tradizionali strumenti di persuasione e di intimidazione, soprattutto contro quei sindaci e amministratori comunali che non si sono piegati alla logica della collusione e alle pressioni criminali. I segnali sono inequivocabili e drammatici: l'11 dicembre 1980 viene ucciso il sindaco di Pagani, Marcello Torre, colpevole di non aver favorito i clan negli appalti di rimozione delle macerie. Quando l'accordo si raggiunge, come nel caso di Torre Annunziata, a finire nel mirino dei killer è chi indaga coraggiosamente: il 23 settembre 1985 la camorra uccide il giovane giornalista del «Mattino» Giancarlo Siani che stava mettendo a fuoco i legami esistenti tra camorra e politica nel dopo terremoto, con particolare riferimento a politici locali e al clan Gionta. Non è un caso isolato, come sottolinea Isaia Sales nel suo volume *La camorra, le camorre*: «La camorra partecipa direttamente ai numerosi affari che si organizzano intorno all'invio dei primi soccorsi, alla rimozione delle macerie, all'installazione dei prefabbricati, all'acquisto o alla costruzione di alloggi, alla realizzazione delle prime prossime opere pubbliche. Un ruolo "politico" così forte la camorra non l'aveva ancora conosciuto».

Ecco che nasce il partito degli "affari". Un partito degli uomini nuovi, dei professionisti: geometri, ragionieri, ingegneri, architetti, avvocati attratti dalla pioggia di miliardi delle vecchie lire portate dal terremoto. Ecco che si siedono a tavolino e realizzano strade, viadotti, superstrade che spuntano qua e là nel deserto, per collegare centri abitati fantasma, industrie morte prima di nascere. Spesso perforando montagne, distruggendo colline, prelevando acqua dai fiumi, transitando sotto costoni pronti a franare. Percorsi che cambiano come tira il vento, secondo i mutevoli umori degli amministratori locali, un zig-zag politico spesso scandito a ritmo di camorra.

Con il terremoto in Irpinia si è raggiunta una saldatura tra sistema illegale privato (camorra) e sistema illegale pubblico. Il terreno d'incontro e di spartizione è stata la spesa pubblica, i grandi appalti, le enormi risorse economiche affluite nei territori colpiti dal sisma. Da quegli anni "d'oro" esce enormemente irrobustita una classe politica che prima era quantomeno scolorita, sia come forza che come immagine. Il sisma, insomma, ha permesso di compiere un vero e proprio salto di qualità, attraverso la moltiplicazione dei denari e dei consensi. Grazie al terremoto, sboccia in modo prepotente un nuovo ceto di palazzinari eccellenti. Personaggi che, facendo affidamento sulla "forza persuasiva" derivante dal governo delle provvidenze del terremoto, confermano e potenziano la propria presenza sul territorio, acquisendo ulteriore capacità contrattuale all'interno dei partiti di provenienza. Sulle macerie delle case distrutte dal sisma il 23 novembre nasce, così, la "repubblica del terremoto". Che si sviluppa, quasi come una metastasi, a mano a mano che procede l'intervento dello Stato.

Dopo la rimozione delle macerie, arrivano le richieste di rimborso per i beni distrutti, e poi quelle per ottenere le roulotte. File e favori per vedersi assegnare un prefabbricato. E quindi riunioni, incontri con sindaci e assessori, visite dei tecnici, perizie e controperizie. In questa regione del profondo Sud sta nascendo la "burocrazia dell'emergenza". Quella burocrazia che farà scuola negli anni successivi, per qualunque cosa: dai piani triennali alle alluvioni, dai mondiali fino all'emergenza rifiuti in Campania.

La camorra, organizzazione dai mille rivoli, diventa insomma sistema. Un autentico contropotere, Stato nello Stato, che detta regole, che impone ferree leggi, che non trascura nessuna strada per estendere i suoi tentacoli su ogni "fabbrica di denaro", a cominciare da quella regione Campania, destinata a diventare il "più grande cantiere d'Europa". Tutto fa brodo. Anzi, appalto.

«Per infiltrarsi in pressoché tutte le attività economiche legate alla ricostruzione,» si legge nella relazione sulla camorra della Commissione antimafia della XI legislatura, «le organizzazioni camorristiche hanno assunto il controllo dei settori fondamentali dell'edilizia e cioè del movimento terra, della fornitura degli inerti, della produzione e distribuzione del cemento e del calcestruzzo.» beton armée

Solo quest'ultimo rappresenta il 20% del grande affare ricostruzione. I più significativi nomi della camorra appaiono titolari (palesi o occulti) delle imprese che si sono aggiudicati le più importanti commesse di forniture. Valga come esempio illuminante l'escalation del clan che fa capo a Lorenzo Nuvoletta. La Bitum Beton nasce come So.ge.me., Società gestione mense, ma nel 1980 trova più conveniente cambiare oggetto sociale passando a interessarsi di mattoni, calcestruzzo e appalti. «L'ingresso della Bitum Beton» si legge nel rapporto dell'Alto commissario per il Coordinamento nella lotta contro la delinquenza mafiosa Domenico Sica, allegato alla relazione conclusiva della Commissione d'inchiesta sul terremoto, «avvenne in concomitanza con l'inizio delle opere di ricostruzione postsisma e produsse immediatamente un effetto dirompente. Anche la nota C.M.C., Cooperativa Muratori e Carpentieri di Ravenna, che era solita acquistare prodotti dalla Calcestruzzi S.p.A. del Gruppo Gardini, anch'essa ravennate, venne "consigliata" a fornirsi dalla Bitum Beton che, oltre al prodotto, garantiva tacitamente (e forse neanche tanto) la "pace sociale"». Il promettente avvio dell'attività nel settore spinse il gruppo a espandere la propria capacità operativa e nel giugno del 1982 venne costituita la Puteolana Calcestruzzi S.r.l. «Le due società posero in essere» si legge nella relazione del Prefetto Domenico Sica, «tutte le tecniche delle intimidazioni camorristiche. Con la loro comparsa sul mercato, si verificarono incidenti nei cantieri, minacce, ritardi nelle consegne, che però cessarono non appena le imprese abbandonarono i tradizionali fornitori per acquistare i prodotti dalle due società.» La Bitum Beton, che nel 1981 aveva un fatturato di 270 milioni e uno di poco superiore nell'anno seguente, raggiunse, nel 1984, i 23 miliardi di lire. L'affermarsi delle imprese del clan Nuvoletta costrinse i maggiori operatori del settore ad accettare la proposta di associarsi alla Bitum Beton nel Consorzio dei produttori di calcestruzzo preconfezionato della provincia di Napoli. Secondo l'accordo, ciascun consorziato conferiva il proprio mercato, che successivamente veniva suddiviso in parti uguali.

Nell'humus della ricostruzione, degli appalti inutili, del saccheggio del territorio e dell'illegalità che diventa la norma affondano, dunque, le radici dell'ecomafia. Non è un caso, quindi, se proprio in Campania "decolla" anche la seconda filiera dell'economia ecomafiosa: i traffici e gli smaltimenti illegali di rifiuti, peraltro strettamente connessi a un anello fondamentale del ciclo del cemento mafioso, quello delle attività estrattive illegali. È nella cave di sabbia del litorale domizio-flegreo, da cui durante tutti gli anni Ottanta e i primi anni Novanta vengono estratti milioni di metri cubi di sabbia convogliati nel circuito degli appalti per la ricostruzione, che finiscono i rifiuti, i veleni del centro-nord del paese. Così come è campano – napoletano per la precisione – il primo pentito di camorra che svelerà i segreti di questa nuova frontiera degli affari illeciti: quel Nunzio Perrella che in un interrogatorio, davanti a un magistrato stupito, esclamerà: «Dottò, 'a munnezza è oro!».

La Rifiuti S.p.A.

La genesi della Rifiuti S.p.A. è frutto di un caso, targato Legambiente. Agli inizi del 1994, durante i lavori di archiviazione e pulizia della sede regionale di Legambiente Campania, in piazza San Gaetano, nel centro storico di Napoli, tra i tanti documenti accumulati pieni di polvere, giace un atto giudiziario importante. È l'ordinanza di rinvio a giudizio contro politici, imprenditori e camorristi della prima grande inchiesta contro l'ecomafia dei rifiuti. A raccontarlo è Enrico Fontana, giornalista e coordinatore dell'Osservatorio ambiente e legalità di Legambiente, ma soprattutto colui che ha coniato il termine ecomafia e ha dato il via nel nostro paese alla lotta ai crimini ambientali.

«Su quel documento apparentemente innocuo ci sono i nomi di politici, imprenditori, massoni e camorristi che, nel periodo tra il 1988 e il 1993, avevano gestito i traffici di rifiuti dal nord al sud. Personaggi che, elencati su quel foglio di carta, non dicevano nulla, ma che a noi di Legambiente facevano sorgere un dubbio. Inviammo via fax quell'elenco a tutte le nostre sedi regionali, e la bomba esplose in poco tempo e in modo eclatante.»

Quei nomi apparentemente innocui comparivano infatti in tutte le principali inchieste sui rifiuti che nel 1994 erano state aperte nelle altre città italiane. «Il fax della nostra sede nazionale di Roma in poco tempo venne letteralmente intasato dai nostri regionali. Quei nomi erano presenti nelle inchieste romane, in Toscana, a Lucca. E poi ad Ancona, a Reggio Calabria, Bari. Nomi e cognomi emersi da notizie brevi sui quotidiani locali. Ma per noi fu un gioco da ragazzi fare uno più uno. Quel documento ha rappresentato la bussola che ci ha consentito di trovare la rotta nella lotta agli ecomafiosi. In pochi mesi raccogliemmo tutto il materiale in un libro-bianco dal titolo *Rifiuti S.p.A.* che presentammo alla stampa a Roma.»

Da allora, giornalisti, forze dell'ordine, procuratori antimafia scoprono l'esistenza di una holding criminale che gestiva e gestisce il traffico dei rifiuti nel nostro paese.

Quel documento così importante riguardava il procedimento penale denominato «Avolio più 19» condotto dai pubblici ministeri Giuseppe Narducci, Aldo Policastro e Giovanni Melillo. L'ordinanza di rinvio a giudizio si apriva con poche righe che descrivevano il *modus operandi* della Rifiuti S.p.A.

«Tale consorteria mafiosa si proponeva di acquisire, in modo diretto, la gestione e il controllo totale di tutte le attività di raccolta, trasporto e smaltimento di ogni rifiuto prodotto da attività industriali o produttive, anche di genere tossico e nocivo, in zone diverse del territorio nazionale, e in particolare la gestione, in forma monopolistica, delle discariche ubicate nel casertano e nel napoletano mediante la corruzione di esponenti politici e pubblici amministratori, per conseguire concessioni e autorizzazioni illegittime e per ottenere che i vari organi della pubblica amministrazione preposti al settore non impedissero la realizzazione di tali finalità e anzi l'agevolassero.»

Quell'ordinanza di rinvio a giudizio era frutto delle rivelazioni di Nunzio Perrella, fratello del boss Mario Perrella, clan storico che a Napoli domina nel rione Traiano. È lui il primo pentito camorrista a parlare con i magistrati di rapporto tra rifiuti e criminalità organizzata. Per la prima volta la *Rifiuti connection*, le mani d'oro sulla *munnezza* diventano materiale per la magistratura e per la procura antimafia. Parole e carte che contano. Che svelano per la prima volta la consorteria mafiosa, il patto tra camorristi, poi tra camorristi e imprenditori, e infine con i politici.

Il lungo viaggio sulle rotte di tale «consorteria mafiosa» ha inizio nel lontano 1988, quando Nunzio Perrella intuisce la possibilità di business, per lui e per il suo clan, legato al traffico e allo smaltimento abusivo dei rifiuti. Perrella fiuta l'affare, ha amici importanti, le cosiddette «buone conoscenze»: proprietari di discariche, titolari di ditte di trasporto, ma soprattutto politici. Uno in particolare, Raffaele Perrone Capano, liberale, all'epoca assessore all'ambiente della Provincia di Napoli. Lui firmava anche quando non poteva. Firmava autorizzazioni illegittime per lo smaltimento in Campania di rifiuti extraregionali, nonostante l'impossibilità giuridica di ricevere rifiuti fuori regione. Le sue liberatorie erano assimilabili a una «scrittura privata». Ma in quel periodo, in cambio di voti e soldi, tutto era lecito. E nel luglio 1989 nasce la prima vera e diretta società dei rifiuti, emanazione della camorra vincente. Il suo nome è beneaugurante: Ecologia 89 s.r.l. Nasce dall'accordo tra Nunzio Perrella e Francesco Bidognetti, alias «cicciotto e' mezzanotte», rais di Casal di Principe, uno dei capi del clan dei Casalesi, la camorra violenta e feroce che domina nel casertano. Un soprannome conquistato sul campo, quando scortava le prostituite sul luogo di lavoro e si presentava con l'aria «chiatta», da guappo consolidato. Un camorrista vero, di quelli che vanno in giro armati e con scorta personale. A gestire la società viene chiamato un altro personaggio di primo piano: Gaetano Cerci, parente di Bidognetti, ma soprattutto frequentatore di Villa Wanda, la sede del massone Licio Gelli. Il cartello camorristico Perrella-Puccinelli-Bidognetti comunica a tutti gli imprenditori che gestiscono discariche e trasporto di rifiuti che da quel momento – siamo nel 1989 – si cambia registro. Tutti i rifiuti da scaricare devono passare per il loro tramite. Hanno dalla loro il controllo del territorio, una struttura militare, il monopolio di terre e buche. L'accordo segna di fatto la trasformazione della camorra «tout court» in camorra «imprenditrice» nel settore dei rifiuti: alla camorra non basta più far parte dell'affare, lo vuole gestire. Tutto: dal trasporto allo smaltimento in discarica. E c'è bisogno di coperture: tecniche per fornire le false documentazioni e, ovviamente, politiche. Le vie della *Rifiuti connection* sono infinite, ancora inesplorate ma ricche, tanto ricche. Del resto i rifiuti, dicono i clan della *munnezza*, possono essere smaltiti dovunque e in fretta. Basta una buca, un terreno incustodito oppure, se si vuole mantenere una parvenza di legalità, si può sempre ricorrere alle discariche autorizzate senza che nessuno veda e denunci. E loro possono. Sono la camorra vincente, quella che unisce i clan di Napoli con quelli di Caserta. Perché sui rifiuti, sin dall'inizio, non c'è mai stata una guerra di camorra, una guerra tra clan. A tavolino, nessuno tenta di fare il furbo. Nessuno si mette in proprio. C'è da mangiare per tutti.

Il patto sui rifiuti è servito a tavola

Il nostro viaggio si arricchisce di un nuovo personaggio: Ferdinando Cannavale. Spezzino, cinquantasette anni, titolare di una società che effettua trasporti ferroviari e marittimi. È un massone, ha amici che contano. È il mediatore giusto al momento giusto. Conosce politici a livello nazionale ma soprattutto può influenzare le scelte amministrative dell'allora assessore all'ambiente Perrone Capano, in particolar modo le autorizzazioni firmate per smaltire in Campania i rifiuti extraregionali. Il business si allarga e serve un accordo. E come tutti gli accordi che si rispettano tra uomini d'onore, l'appuntamento è a tavola, davanti a un buon bicchiere di vino. Il patto viene siglato al ristorante La Lanterna di Villaricca. Al banchetto d'affari siedono camorristi e imprenditori che operano nel settore rifiuti e massoneria. I loro nomi sono quelli incontrati finora: Nunzio Perrella, Gaetano Cerci, Ferdinando Cannavale e due nuovi personaggi, Luca Avolio e Vassallo

Gaetano, imprenditori dei rifiuti ma soprattutto proprietari di discariche in quel triangolo – Qualiano, Giugliano, Villaricca – che oggi, a distanza di vent'anni, rappresenta la più grande discarica occulta in mano alla camorra. L'accordo viene siglato. Per ogni chilo di rifiuti, 10 lire vanno alla camorra e 25 ai politici conniventi. Ognuno ha il suo tornaconto. La camorra rinuncia a un parte del dazio sui rifiuti scaricati e lo storna a favore dei politici per ottenere le necessarie autorizzazioni; gli imprenditori si privano di una larga fetta di guadagni perché vedono aumentare i loro affari, e il massone Cannavale prende una sua quota per far da mediatore. Un rapido conto: circa 2000 tonnellate di immondizia che quotidianamente vengono riversate a Napoli e il business produce un guadagno minimo al mese di 600 milioni delle vecchie lire. Davanti a queste cifre anche gli altri imprenditori vogliono partecipare all'affare. Il telefono di Cannavale squilla ininterrottamente. Sono continue richieste di entrare a far parte del giro.

In poco tempo l'Onorata Società dei rifiuti «made in camorra» fa affari in Toscana, nel Lazio, in Lombardia. E gli interlocutori «privilegiati» hanno nome e cognome. Viene dalla Campania, come abbiamo visto, Gaetano Cerci, che ha un ruolo di primo piano nell'intermediazione per lo smaltimento in Campania dei rifiuti toscani; i due fratelli Roma, Elio e Generoso, titolari di società che operano in Toscana, ma soprattutto nel Lazio, provengono dalla provincia di Caserta, così come Luigi Ciardiello, anche lui specializzato in intermediazione e trasporto di rifiuti. Sono napoletani i Fratelli La Marca titolari della megadiscarica Di.Fra.Bi. di Pianura. È campano Francesco La Marca, che gestisce una discarica alle pendici del Vesuvio, così come l'avvocato Cipriano Chianese, titolare di una società che gestisce discariche nel giuglianese. Nomi che, agli inizi degli anni Novanta, dicono poco o nulla, che negli anni successivi, in un modo o nell'altro, avranno a che fare con la giustizia. Ne escono, nella maggior parte dei casi, puliti. Ma quei nomi – ironia della sorte – dopo dieci anni, nel periodo tra il 2004 e il 2007 saranno i protagonisti della mattanza ambientale in corso. Anche in sede giudiziaria.

Onorata Società di rifiuti

Da quel lontano 1989 tanta strada è stata percorsa. La Rifiuti S.p.A. si è trasformata in un'impresa globale che ha interessi in tutto il paese, ad eccezione soltanto della Valle d'Aosta. Un'attività che solo nell'ultimo anno ha fatturato 5,8 miliardi di euro. Con i rifiuti si diventa ricchi. Miliardi di euro, facili. Basta avere un terreno e scavarci una buca. E seguire un semplice dogma: meno si osservano le regole, più aumenta il conto in banca. Per gestire un affare stratosferico, la camorra dei rifiuti si è trasformata in holding, con un proprio consiglio di amministrazione, manodopera specializzata, rappresentanti con valigetta 24 ore che operano in tutto il paese. Un vero e proprio direttorio in cui gli interessi della criminalità organizzata viaggiano di pari passo con la distruzione del territorio. Un direttorio che gestisce autocarri e camion provenienti dal Nord, che sostano nel centro Italia e proseguono per le isole. Un continuo viavai di veleni. Rifiuti di ogni tipo. Tossiconocivi, speciali, urbani.

In questi anni sulle autostrade d'Italia e poi verso le rotte dell'ecomafia è viaggiato di tutto: scorie, polveri di abbattimento fumi, morchia di verniciatura, reflui liquidi contaminati da metalli pesanti, amianto, terre inquinate provenienti da attività di bonifica. Non c'è tipologia di rifiuto che possa sfuggire alle mire degli ecocriminali del nostro paese. Oggi attraversare molti luoghi della Campania, ma anche della Calabria, della Puglia e della Sicilia, significa toccare con mano i risultati di questo disastro ecologico. Un universo in continua trasformazione. Anno dopo anno, rotte e metodologie di smaltimento illecito si sono adattate alle esigenze del mercato. Si sono moltiplicate, così, le truffe ai danni di privati e di enti pubblici. Nascono società di smaltimento strutturate come scatole cinesi, attraverso un vorticoso giro di prestanomi. Queste gestiscono il trasporto di rifiuti con una documentazione completa e assolutamente inappuntabile, che però non ha niente a che vedere con il reale contenuto dei camion. E prima che qualcuno se ne accorga, spesso la società si è già sciolta.

In questi anni la Rifiuti S.p.A. ha disegnato e continua a disegnare nuove rotte e metodologie di smaltimento illecito.

La base dalla criminalità organizzata è in Campania, e in particolar modo nelle province di Napoli e Caserta. Una base operativa che serve da trampolino di lancio per il business illegale in altre regioni dell'Italia centrale e meridionale. In particolar modo la disponibilità di nuovi siti di smaltimento e di operazioni di riciclaggio diversificate consentono di orientare il business verso località ancora «vergini», quali la Basilicata e l'Umbria. La direttrice nord-sud è restata a lungo quella privilegiata dai trafficanti che, partendo dalle aree di maggior produzione dei rifiuti, hanno trasformato in enormi discariche abusive vaste zone del Mezzogiorno. C'è una «rotta adriatica» con terminale in Puglia, ma anche in Abruzzo e Romagna, e una «rotta tirrenica» con terminale in Campania, Lazio e Calabria. Se la camorra si attrezza con nuove tecnologie, le forze dell'ordine non stanno a guardare e l'intensificarsi della loro attività di contrasto infastidisce gli affari. Ma i camorristi sono furbi, non si scoraggiano e in itinere si attrezzano. Alle rotte storiche e collaudate se ne aggiungono altre, regionali e addirittura provinciali. In molti casi si assiste a una sorta di «rovesciamento» dei ruoli: i rifiuti da smaltire partono dalla Campania, passano per l'Emilia Romagna, transitano in Lombardia (dove fanno tragitti brevi all'interno della provincia di Milano e lungo l'asse Milano-Como), per poi finire in Piemonte.

Un ruolo rilevante, nella geografia dei traffici illeciti, viene svolto dalla Toscana. Dalla Toscana, insomma, non arrivano soltanto ingenti quantitativi di rifiuti gestiti illegalmente: questa regione sembra caratterizzarsi come una base operativa importante per tutta una serie di soggetti impegnati in queste attività criminali. Non è mancata in questi anni neanche la fantasia nel trovare i siti. Si è passati dalla classica discarica abusiva nella buca scavata lontano da occhi indiscreti alle cave dismesse, dai capannoni industriali imbottiti all'inverosimile ai terreni agricoli coltivati cosparsi di veleni di ogni tipo, dagli impianti di compostaggio ai soliti centri di stoccaggio. Una cosa è ormai certa: quando si parla di traffici illegali di rifiuti, è sempre più difficile trovare i vecchi bidoni tossici abbandonati nelle campagne. I fusti sono sempre meno utilizzati.

Le inchieste ci raccontano come in questi anni fanghi di origine industriale inquinati da metalli pesanti siano diventati fertilizzanti per terreni agricoli e polveri di abbattimento fumi siano state miscelate con il cemento o utilizzate nelle fornaci per la produzione di laterizi per soffitte e tetti delle abitazioni. Sembra paradossale, ma non è improbabile che si scoprano tra qualche anno interi palazzi con pareti tossiche, costruiti su terreni miscelati ai veleni e, perché no, con giardinetto annesso dove i prodotti coltivati crescono ricchi di metalli pesanti.

Il Consiglio d'amministrazione

Faccendieri e imprenditori senza scrupoli. Intermediari ed esperti qualificati. Colletti bianchi e funzionari pubblici corrotti. Titolari di aziende di trasporto e semplici camionisti. È un vero e proprio campionario di criminalità, soprattutto ambientale ed economica, ma sotto la regia di «mamma camorra», quella che siede e partecipa al Consiglio d'amministrazione della Onorata Società Rifiuti. Una rete complessa, cresciuta nel corso degli anni e sempre più articolata. Capace di sfruttare le situazioni di emergenza e di rispondere, in tempi rapidi, a qualsiasi richiesta di smaltimento, ovviamente nel più assoluto disprezzo delle regole. Una oggettiva convergenza d'interessi, tra questi soggetti e chi ha la necessità di liberarsi dei rifiuti al minor costo possibile, ha favorito la moltiplicazione delle attività illecite, sia per quanto riguarda la tipologia dei rifiuti trattati, sia per la varietà dei metodi di «trattamento» e smaltimento illegale.

Immaginiamo una convocazione del Consiglio d'amministrazione, dove ognuno ha un suo ruolo e una sua competenza. Si parte dai produttori di rifiuti, in molti casi vittime inconsapevoli di attività truffaldine, in altri complici delle attività illecite. Hanno un ruolo centrale e per molti aspetti delicato. Tra omertà consapevole, finta ignoranza e manchevolezza, il danno è enorme. I produttori di rifiuti avrebbero il dovere, etico e normativo, di assicurarsi che le società cui affidano i rifiuti siano autorizzate e attrezzate a operare nella legalità. Ma nel nostro paese comanda il Dio denaro, ed ecco che i produttori seguono ciecamente i propri interessi di mercato: cercano di risparmiare sul prezzo del servizio senza curarsi di alcunché. In altri casi, come già accennato, i produttori sono consapevolmente responsabili delle operazioni illegali. Conoscono le procedure, sanno che i rifiuti vengono smaltiti direttamente in siti non idonei e che possono contare sulla complicità di trasportatori compiacenti pagati per tale «servizio»; oppure si rivolgono e si accordano con soggetti operanti nell'illegalità, attribuendo falsi codici ai rifiuti, e falsificando le relative analisi.

Poi ci sono gli intermediari, quelli che devono provvedere a individuare le soluzioni più convenienti da adottare per smaltire i rifiuti. Sono loro che pilotano il flusso illegale fin dalla produzione, funzionalmente alle esigenze dei committenti. Sul tavolo devono presentare alternative efficienti. Le società di intermediazione costituiscono i veri e propri motori dell'intero processo. Per la loro natura di aziende di servizi non entrano mai «fisicamente» in contatto con i rifiuti: la loro attività riguarda esclusivamente l'organizzazione del meccanismo illecito dello smaltimento.

A volte è sufficiente avere a disposizione piccoli uffici muniti di solo telefono e fax per movimentare centinaia di migliaia di tonnellate di rifiuti. Un lavoro che frutta soldi. In modo costante. Sono le regole del mercato. Una percentuale di guadagno su ogni chilo di rifiuti. In alcuni casi l'ufficio non è altro che l'autovettura. Gli intermediari sono ancor più indispensabili all'organizzazione nel momento in cui la polizia individua e sottopone a sequestro siti utilizzati per lo smaltimento illecito dei rifiuti. Sarà compito loro cercare costantemente nuovi siti, per sostituire in tempo reale quelli esauriti o individuati dalle forze dell'ordine. Un sito individuato o esaurito deve essere rimpiazzato in tempo reale. Nel cassetto bisogna averne subito altri a disposizione per garantire il costante flusso dei rifiuti.

Poi ci sono i trasportatori. Il trasporto rappresenta sicuramente il settore di maggiore criticità perché investe ogni fase della gestione dei rifiuti, dalla raccolta allo smaltimento finale, passando per lo stoccaggio intermedio. Il *modus operandi* è cambiato per rispondere colpo su colpo alle attività delle forze dell'ordine.

Quello dei soggetti impegnati nello smaltimento finale è senz'altro il «profilo professionale» che più si è evoluto nel corso degli ultimi dieci anni. Si è passati, infatti, dai titolari di discariche private non autorizzate a una vera e propria rete dove imperversano centri di stoccaggio, impianti autorizzati a operazioni di raggruppamento preliminare o deposito temporaneo, strutture di trattamento, impianti di compostaggio, imprese edili e persino aziende agricole. Questo non significa che sia tramontata la vecchia pratica del «tombamento», con lo scavo di buche riempite di rifiuti e coperte di terriccio.

In questo ginepraio di figure professionali, spesso costituito da personaggi *borderline* che si situano in una zona grigia a cavallo tra criminalità economica e ambientale, è cresciuto negli ultimi anni il ruolo dei laboratori di analisi e degli analisti chimici dei rifiuti. Rappresentano il «comitato scientifico» dell'Onorata Società. In qualità di consulenti o di responsabili tecnici presso gli impianti a loro collegati, forniscono certificati di analisi falsi «ad hoc», a seconda delle esigenze del committente. Con un listino prezzi assolutamente fuori mercato rispetto a quelli ufficiali.

La rete della Rifiuti S.p.A. non si fa mancare nulla. È previsto anche l'uso di manodopera più o meno specializzata. Emblematico in tal senso quanto emerso durante l'operazione «Re Mida» della Procura di Napoli: i trafficanti di rifiuti si avvalevano di una rete di sentinelle composta da «pastori» che venivano pagati per far scattare l'allarme in caso di arrivo delle forze dell'ordine. In altre indagini, invece, è stata evidenziata la presenza di agricoltori e braccianti, pagati per accettare i carichi di rifiuti, spesso ignari o incapaci di riconoscere e distinguere il materiale ricevuto.

L'assoluto disprezzo verso la salute e, in fondo, la dignità della gente da parte di chi gestisce questa filiera criminale emerge da un episodio dell'operazione «Eldorado» della Procura di Milano. Preoccupati per i rischi derivanti da un sequestro di rifiuti, gli indagati studiano come togliere dal carico sequestrato quelli pericolosi: «Prendiamo due, tre marocchini e con le mani...».

Il sistema del «giro bolla»

Se nel primo periodo di attività della Rifiuti S.p.A. bastava una cava o una buca per scaricare rifiuti di ogni genere senza nessun tipo di accortezza e spesso alla luce del sole, con l'intensificarsi delle attività di contrasto, affiancate da una maggiore conoscenza del fenomeno e dall'introduzione di nuove norme in materia, gli smaltimenti vengono effettuati in modo sempre più organizzato. Illegale è ogni singola fase del «ciclo dei rifiuti». Uno degli snodi fondamentali di queste attività illecite resta quello delle operazioni intermedie, tra la produzione e l'effettivo smaltimento. Secondo i dati di Fise Assoambiente, oltre l'87% dei rifiuti speciali smaltiti nelle discariche autorizzate transitano in impianti di stoccaggio o di trattamento. È in questa fase che si inserisce l'ecomafia. La procedura seguita è quella tipica della declassificazione dei rifiuti attraverso la tecnica del «giro bolla»: i rifiuti vengono fatti transitare da uno stoccaggio all'altro solo sulla carta, oppure attraverso impianti di recupero, di compostaggio, con il fine di declassare la tipologia del rifiuto trattato e aggirare le normative. Entrano in gioco documentazioni di accompagnamento false, sostituite durante il trasporto. Attraverso una rete articolata di faccendieri, analisti, chimici, impiegati e trasportatori, il rifiuto entra con la bolla del produttore e con un determinato codice Cer in un centro di stoccaggio. Successivamente, con una nuova bolla dello stesso centro, il medesimo rifiuto, senza subire alcun trattamento e in alcuni casi venendo miscelato con altri, è inviato per lo smaltimento finale, ovviamente dopo aver cambiato «identità». Un solvente tossico destinato a finire in una discarica di rifiuti pericolosi, dopo il giro bolla, grazie alla miscelazione è «trasformato» in un innocuo rifiuto urbano e poi, nella migliore delle ipotesi, avviato in una discarica per rifiuti urbani, perlopiù invece gettato in discariche illegali o recuperato come compost da usare nei terreni agricoli o come sottofondo stradale, secondo quanto emerso durante l'operazione «Re Mida». Al «giro di bolla» si è affiancata la «teoria del codice prevalente» che permetterebbe di attribuire alla partita ottenuta dalla miscelazione di più rifiuti, caratterizzati da codici differenti, quello del rifiuto presente in maggior quantità all'interno della miscela.

Grazie a questa teoria, ingentissimi quantitativi di rifiuti vengono spediti dal nord verso il centro-sud con il codice più consono all'autorizzazione di colui che li riceve. Rifiuti speciali pericolosi con una quantità spaventosa di arsenico si trasformano per magia in non pericolosi; rifiuti derivanti dalla fraudolenta miscelazione di sostanze pericolose con terre provenienti da bonifica e contaminate con amianto vengono utilizzati come terriccio per «bonifiche» ambientali. Il risultato finale per i vari protagonisti di questa rete criminale è sempre lo stesso: soldi, soldi e soltanto soldi. E il prezzo da pagare è la salute dei cittadini.

«Guardavo il fatturato di questo mese:» racconta uno degli indagati a un suo amico, «abbiamo fatto in un mese quello che prima facevamo in un anno.»

E l'altro: «Io, lo sai, i camion non li vedo, però so, di formulari ne vedo». Ride: «Ne vedo un casino!».

Siamo in presenza di un mix di anarchia, degrado e illegalità di fronte al quale purtroppo prevalgono spesso cinismo e indifferenza.

Il listino prezzi della Rifiuti S.p.A.

Come ogni mercato che si rispetti, anche quello della Rifiuti S.p.a. ha il suo listino, rimasto espresso, fino al 2004, rigorosamente in lire, per ogni tipologia di rifiuti. Prezzi notevolmente al di sotto di quelli di mercato, spesso fino alla metà di quelli legali, quando si tratta di rifiuti industriali provenienti da imprese private. Decisamente più alti della norma quando, invece, sono in gioco i rifiuti urbani provenienti da aziende municipalizzate o amministrazioni locali. I prezzi lievitano in maniera esponenziale per la semplice ragione che a pagare è l'ente pubblico.

Ecco in dettaglio il listino:

- terre di spazzamento delle strade: 55 lire al kg;
- imballaggi con residui di rifiuti pericolosi: 280 lire a kg, fino a 350 lire al kg se «trattati» in maniera fraudolenta;

- rifiuti provenienti da impianti di tritovagliatura della Campania: 215 lire al kg;
- diluenti e altri rifiuti pericolosi: 500 lire a kg;
- terre e inerti da lavori cimiteriali: 30 lire a kg;
- fluff: 185 lire al kg, trasporto compreso;
- rifiuti costituiti da pentasolfuro di fosforo: 1.200 lire al kg.

I prezzi praticati tengono ovviamente conto anche delle difficoltà operative e delle necessità della clientela. L'organizzazione criminale è in grado di soddisfare ogni esigenza: basta pagare. Come ad esempio nel caso di una azienda che non voglia comparire come produttrice di rifiuti. Se volesse agire nella legalità, per l'operazione di bonifica dovrebbe avviare una procedura articolata, a partire dalla denuncia all'Arpa competente. Molto più semplice e rapido far comparire come azienda produttrice del rifiuto un'altra società, inserita nella rete criminale. Con questo raggiro, 800 tonnellate di terre contaminate da idrocarburi di un'azienda chimica sono state «trattate» al prezzo di 230 lire al chilo, compreso il trasporto, rispetto alle almeno 400 lire di mercato. Ovviamente il prezzo tiene conto anche della diversa composizione del carico da smaltire illegalmente. Come tutti i mercati, anche quello dello smaltimento illecito di rifiuti è «condizionato» da problemi di carattere finanziario (i pagamenti avvengono quasi sempre in contanti e, ovviamente, in nero).

L'inchiesta denominata «Re Mida» rivela le tante opportunità di fare business con traffici illeciti di rifiuti. Secondo la stima effettuata dai carabinieri del Comando tutela ambiente, il profitto illecito realizzato in circa sei mesi ammonta a 3.300.000 euro, mentre l'evasione dell'ecotassa viene stimata in circa 500.000 euro. Non solo un grave danno all'ambiente, quindi, ma anche un'enorme beffa per l'erario. Dalle indagini è emerso che i «produttori di rifiuti» pagavano all'organizzazione criminale dalle 120 alle 130 lire per ogni chilogrammo di materiale conferito e 40.000 tonnellate è la quantità di rifiuti stimata smaltita illegalmente. Basta fare due conti per giungere al profitto finale. I margini di guadagno per i trafficanti e i risparmi dei produttori emergono chiaramente quanto si confrontano queste cifre con i prezzi previsti negli impianti autorizzati. Per smaltire correttamente gli stessi quantitativi di rifiuti, si sarebbe dovuta sostenere una spesa, assolutamente approssimata per difetto, di 6.200.000 euro. Chi ha prodotto la «materia prima» dei traffici (in particolare fanghi di conceria) ha risparmiato, tranne qualche eccezione di produttore truffato, 3.000.000 di euro, cioè almeno la metà del costo. Chi li ha gestiti illegalmente ha incassato per intero i proventi, senza sostenere i costi previsti da un corretto smaltimento. A tutto danno del territorio. E dello Stato.

Ancora più interessante, per comprendere meglio il mercato della Rifiuti S.p.A., è la ripartizione della torta economica tra i componenti del sodalizio criminale. Il consulente ambientale con il compito di organizzare tecnicamente le attività illegali delle aziende coinvolte chiude con la mente organizzativa del traffico illecito un accordo economico di 1 lira al chilogrammo per tutti i materiali che entrano nel sito finale di smaltimento. Il conto è presto fatto: venti, venticinque macchine al giorno per circa 1,5 milioni di lire l'una (poco più di 700 euro), che diventano circa 15.000 euro al mese e, alla fine di un anno di attività, circa 180.000. I profitti crescono sensibilmente nel caso delle aziende che effettuano il giro bolla, ossia «trasformano» i rifiuti speciali in «terricciato per ricopertura e per ricomposizione ambientale»: il formulario (che accompagna i rifiuti) viene sostituito con un documento di trasporto (che si rifersice ai materiali non considerati rifiuti). Per questa attività viene riconosciuta all'azienda una quota di 20 lire al chilogrammo sull'ammontare dei rifiuti transitati nell'impianto. Chi falsifica i formulari declassificando i rifiuti percepisce 10 lire al chilogrammo. La regola, in questi traffici illeciti, è quella del pagamento in contanti. Ma non mancano altri escamotage utilizzati per regolare i rapporti economici tra i componenti dell'organizzazione, come il pagamento dell'assicurazione dell'auto o del tagliando di un'autovettura di grossa cilindrata o addirittura l'acquisto di un auto famigliare.

Uno dei trafficanti arrestati per smaltimento illegale di rifiuti rivela che, lavorando in modo serio e credibile, in un giorno si possono guadagnare anche 50 milioni di vecchie lire (circa

25.000 euro); il titolare di un'altra impresa coinvolta nei traffici rivela a un suo amico che «soltanto con i lavori di Napoli», ovvero l'illecito smaltimento di rifiuti provenienti dalla Campania, ha fatturato in un solo mese tre miliardi di vecchie lire, ossia circa 1,5 milioni di euro.

Ecocriminali a colloquio

Ascoltare centinaia di conversazioni telefoniche dei criminali ambientali significa ottenere uno spaccato incredibile della quantità e pericolosità dei traffici illegali di rifiuti. Conversazioni spesso ironiche e paradossali, ma che testimoniano, nella maggior parte dei casi, la bestialità dei soggetti intercettati. Basta ascoltare una telefonata tra due ecomafiosi in cui si parla dell'urgenza di trovare camion per trasportare rifiuti tossici nelle campagne del casertano:

«Ma come facciamo a portare questi rifiuti tossici? Si tratta di polveri di abbattimento fumi da metallurgici.»

«Vai da Franco e fatti dare il camion.»

«Ma sono camion che servono a portare il pane.»

«E che te ne fotte, vuoi perdere la possibilità di fare una montagna di soldi, perché in quel camion ci portano il pane? Non ti preoccupare, dopo gli facciamo una lavata e poi se ne parla.»

In altri casi le intercettazioni condotte nell'ambito dell'operazione «Re Mida» sono state fondamentali per individuare metodologie e intrecci dello smaltimento illegale. Dai colloqui tra ecocriminali emergono altri particolari importanti dei rapporti che intercorrono tra i diversi soggetti del sodalizio. L'accordo stipulato inizialmente tra il principale protagonista dell'attività illegale e il titolare della cava, sito di destinazione finale dei traffici illeciti, prevedeva un prezzo di 18 lire al chilo. Ma, grazie all'intervento di un altro degli arrestati, che fa valere il suo rapporto di amicizia con il proprietario della cava, si riesce a spuntare un prezzo di 15 lire al chilo. Le 3 lire «risparmiate» vengono divise in parti uguali tra i due protagonisti di questa vicenda. La discussione che ha preceduto l'accordo ha un risvolto molto significativo: «Gli feci notare che 1,5 lire era poca cosa, ma lui mi disse che "goccia a goccia si riempie la damigiana", sottolineando così che il materiale smaltito sarebbe stato tantissimo».

Infatti, l'accordo prevedeva l'invio alla cava di 5 o 6 camion al giorno.

In un colloquio tra due industriali del Nord, in associazione per il riutilizzo dei rifiuti provenienti da polveri abbattimento fumi, si parla anche in codice:

«Per l'impianto di (*omissis)* da oggi vogliono che venga allegato l'analisi del formulario».

«Perché da oggi vogliono le analisi, mentre ieri non le volevano? Mica perché c'è stato l'altro giorno il ribaltone a Napoli?»

«Esatto.»

«Questo è un problema... cominciano a scoprire... cosa strana... che a far sottofondi stradali, mattoni e robe di questo genere, ci va una montagna di porcheria.»

«Adesso vediamo di miscelare il tutto in una fornace.»

«Le fornaci! Hai capito bene.»

Un'altra intercettazione nell'ambito dell'inchiesta «Cassiopea» ricostruisce una conversazione tra un mediatore e un trasportatore.

M.: «Fateli più leggeri i carichi la prossima volta. I tir erano così pesanti che, per farli risalire dalla buca, abbiamo dovuti agganciarli a uno scavatore».

T.: «Posso mandarti dei fanghi provenienti da reflui conciari?»

M.: «Manda, manda. Vedrai che bei mattoni ci vengono».

Ma nel mondo dell'ecomafia ci sono anche intercettazioni dei boss della camorra. Emblematico il colloquio datato 1988 tra Carmine Schiavone, Amministratore delegato del clan dei Casalesi e Francesco Schiavone, detto Sandokan, capoclan.

Carmine: «Guarda, c'è un business, possiamo incassare miliardi con l'immondizia. Basta che mettiamo a disposizione le cave che abbiamo per gli appalti della superstrada Nola-Villa Literno (asse mediano). Quelli li riempiono di rifiuti e noi ci riempiamo di soldi».

Francesco: «Cosa vogliamo fare? Avvelenare Casal del Principe?».

Carmine: «No».

Francesco: «Allora non se ne fa niente».

Dopo due anni, nel 1990, i due ritornano sull'argomento, con toni diversi.

Carmine: «Ma cosa sta succedendo? Non abbiamo voluto farlo nell'88 e adesso stanno uscendo questi fusti tossici dal terreno di mio genero e me li scoprono addirittura i carabinieri».

Francesco: «Non sono io! C'è qualcosa sotto, si riscuotono una certa percentuale. Li sta riempiendo Gaetano Cerci, si dice che sta insieme a Cicciotto [alias Francesco Bidognetti] con l'avvocato... E certi gruppi di Pianura, della Montagna Spaccata».

Carmine: «Va be'! Ma adesso parlaci, perché i soldi devono darli anche a noi».

Talvolta il traffico illecito può creare anche qualche problema, come si evince dalle intercettazioni nell'ambito dell'inchiesta «Re Mida». A parlare è un ecotrafficante: «Ci sono tre o quattro viaggi di roba da spianare... Devi fare un fosso dove sta il bilico... Se lo facciamo molto largo, quando passano i camion sprofondano... Dobbiamo fare il fosso massimo un metro...».

In un altro episodio un trasportatore viene dirottato all'ultimo a scaricare in un altro luogo con un imprevisto. «Mi avete mandato a scaricare a Eboli, e si è capovolto pure il cassone del camion».

Dalle conversazioni telefoniche dell'inchiesta «Mazzettus» del maggio 2004, a distanza di anni da Tangentopoli, la procura di Napoli deve constatare che le bustarelle sono una pratica tutt'altro che morta. Gli affari si svolgono in un ufficio della Provincia di Napoli dove, secondo i magistrati, si lavora «solo per commettere illeciti, e «nelle pause tra un appuntamento illecito e l'altro i dipendenti si limitano a riposare (uno addirittura russa) o a navigare su internet». In un'intercettazione ambientale parla un imprenditore per comunicare l'avvenuto accordo sulla gestione di una cava nel giuglianese dove scaricare rifiuti pericolosi: «Sono riuscito quasi a chiudere, quindici milioni di mazzettus. Dieci alla stipula del contratto, cinque alla firma dell'autorizzazione. Penso che abbiamo fatto un affare»

In un'intercettazione nell'ambito dell'indagine «Cassiopea», nel casertano, due capi si confidavano che, a furia di portare rifiuti tossici, le lamiere del camion si stavano spaccando. Una pericolosità esplosiva non solo dei rifiuti ma anche dei soggetti in questione. Pericolosità che si manifesta anche in vere e proprie minacce. Il bersaglio è il magistrato Federico Bisceglia della Procura di Nola. Dalle carte dell'inchiesta «Terra Mia» del giugno 2004 un inquisito parla così al telefono: «Ci stanno sequestrando tutto. Ora mi è rimasto un piccolo terreno, faccio un fosso e ci metto quel magistrato dentro...».

A volte invece la tragedia si trasforma in comica. Nell'ambito della stessa indagine alcune auto del Corpo forestale sono «pedinate» dalle auto dei trasportatori dei rifiuti tossici. Le quali, a loro volta, sono guardate a vista dalle vetture in borghese dei carabinieri. Ognuno è all'oscuro dell'azione dell'altro.

La mattanza ambientale in Campania

Autocarri targati Milano, camion provenienti da Sondrio. Un continuo viavai di veleni. Di notte, aspettando i segnali dei capizona, gli autisti dei rifiuti illegali scaricano e smaltiscono in Campania milioni di tonnellate di rifiuti. Di ogni tipo. *Munnezza* doc. Tossica. Una vera invasione: da nord a sud, assegnando alla regione, un tempo Felix, il ruolo, certo non voluto, di «pattumiera d'Italia». In un decennio, lungo le rotte dei traffici illeciti, è viaggiato di tutto: scorie derivanti dalla metallurgia termica dell'alluminio, polveri di abbattimento fumi, morchia di verniciatura, reflui liquidi contaminati da metalli pesanti, amianto, terre inquinate provenienti da attività di bonifica. E ancora rifiuti prodotti da società o impianti, noti nel panorama nazionale, come quelli di petrolchimici storici del nostro Paese: i residui dell'ex Enichem di Priolo, i fanghi conciari della zona di Santa Croce, i fanghi dei depuratori di Venezia e di Forlì di proprietà di società a prevalente capitale pubblico. Un mix di veleni micidiali. Tanti. Negli ultimi tre anni sono stati smaltiti, riversati in tutta la regione, circa 13 milioni di tonnellate di rifiuti di ogni specie. Un tir, secondo gli inquirenti, è in grado di trasportarne 25 tonnellate alla volta. Circa 520.000 camion carichi di rifiuti hanno attraversato mezza Italia terminando il loro tragitto nelle campagne napoletane, nelle aree dell'entroterra salernitano, nelle discariche abusive del casertano, nei terreni scavati per l'occasione nel beneventano e nell'avellinese. Un cimitero di veleni. Soltanto l'inerzia diffusa delle istituzioni, la «disattenzione» di chi doveva controllare, la morale spiccia per cui l'importante è liberarsi dei rifiuti senza preoccuparsi della fine che fanno e una fitta rete di collusioni e omertà possono aver consentito «l'invisibilità» di una colonna di tir: 1000 km di camion, uno dietro l'altro, per visualizzare il fenomeno con una sola immagine.

Del resto, in Campania c'è l'humus adatto a compiere qualsiasi disegno criminale e la rete di connivenze più estesa e potente per perfezionarlo. E dove ci sono i soldi, c'è la camorra. Si butta a capofitto lì dove vede il denaro. E per arrivare alla meta ricorre a ogni tipo di intimidazione e boicottaggio. La relazione semestrale dell'agosto 2007 dei Servizi segreti, consegnata al Parlamento, sullo stato della sicurezza nel nostro paese analizza in modo dettagliato lo stato dell'ecomafia in Campania. Quello che succede nella regione sul fronte dei rifiuti è l'esempio più lampante della forza e della pericolosità della criminalità organizzata che opera in Italia. Un altro triste primato. Un'analisi sconosciuta per molti, ma toccata ogni giorno con mano da coloro che da anni vivono nei territori avvelenati dai criminali ambientali.

«La pericolosità e l'invasività della criminalità organizzata nazionale» si legge nella relazione, «continuano a richiedere impegno prioritario. La rete di corruzione, intimidazione, disfunzioni amministrative, violenza e omertà trovano nell'emergenza rifiuti nel napoletano solo l'aspetto più evidente di una ben più minacciosa globalizzazione criminale.»

Siamo nella regione della famiglia dei Casalesi, dei Zagaria, degli Iovine, i due più pericolosi latitanti dopo la cattura di Provenzano; siamo nella terra dei Mallardo, dei Galasso, dei Nuvoletta. Perché meravigliarsi? La Campania è la regione record dei «morti per caso», tra cui molti minorenni. Mentre a Palermo i cittadini festeggiano l'arresto di Provenzano, a Napoli, solo nel 2005, si registrano ben 13 rivolte contro le forze dell'ordine. Vige la loro legge. Sono strutturati e ramificati, hanno una strategia orientata sempre di più verso interessi imprenditoriali. Se si potesse annientare la camorra di colpo con una bacchetta magica, si cancellerebbe il 10% del Pil campano. L'economia crollerebbe. Una criminalità organizzata aiutata dalla crisi della legalità che ormai vige nella pubblica amministrazione nella regione. Sono 75 i consigli comunali sciolti per infiltrazione mafiosa tra il 1991 e il 2007, il 44% del totale nazionale. E un'amministrazione pubblica disponibile alla corruzione rende più agevole la crescita dell'influenza camorristica, soprattutto nel controllo del settore dei rifiuti.

Si è insomma di fronte a una situazione di assenza di legalità quasi generalizzata, che in molti casi non consente neppure agli amministratori onesti di agire secondo la legge. Camorra come impresa, quindi, ma anche come governo. Anni di rimozione. Diciamola tutta: l'argomento camorra è diventato tabù. E chi ne parla sembra ossessionato dalla criminalità organizzata. Anche tra i politici molti tacciono. È meglio che certe cose non si dicano. Se le dici, esci dal giro. E, si sa, a nessun conviene essere fuori dal coro. Le poltrone fanno gola. Colpe da dividere equamente tra lo Stato centrale e quello regionale. Infatti, se è vero che Bassolino e il centro-sinistra governano Napoli e la Campania da circa quindici anni, è pur vero che prima di lui e con lui sono stati ministri degli Interni Antonio Gava, Vincenzo Scotti, Nicola Mancino, Giorgio Napolitano e la stessa Rosa Russo Iervolino. Tutti napoletani, con la responsabilità di un ministero che doveva combattere la criminalità organizzata, anche nel settore dei rifiuti. Disattenzione? Sottovalutazione del fenomeno? Non lo sappiamo. Resta sicuramente, in generale, l'incapacità di creare un contesto di legalità. Difficile capire chi sono le guardie e chi i ladri, chi sono gli onesti e chi i disonesti, chi rappresenta lo Stato e chi l'antistato.

In un editoriale del 13 maggio del 2007, sul «Corriere del Mezzogiorno», lo storico Paolo Macry così analizzava la situazione: «Ormai nessuno si fida delle autorità. In Campania il problema rifiuti è stato gestito dai clan della camorra che lucravano sulla devastazione ecologica, da politici che ne facevano strumento di consenso clientelare, da imprese che producevano ecoballe inquinanti e da governatori che confessavano di non aver letto quello che andavano firmando».

Come dargli torto. Un affare, quello dei rifiuti, ad alto reddito e basso rischio. Un mondo popolato anche di persone che non hanno precedenti penali, ma che lavorano e sono collegate ad altre con precedenti. La Direzione nazionale antimafia ha controllato 377 società operanti nel settore rifiuti – 45 di smaltimento, 166 di riciclaggio e 166 di trasporto – e 2.893 soggetti. Ventotto società sono risultate presenti nella banca dati della Direzione distrettuale antimafia, quindi con rapporti evidenti con la camorra. Così come la maggior parte dei 257 tra i soggetti rilevati risulta collegata alla camorra dei Casalesi o a indagini relative a queste organizzazioni. Che si sia davanti a una vera e propria guerra tra criminali ambientali e Stato, lo dimostrano i dati delle inchieste delle Procure della Repubblica sul traffico dei rifiuti: dal 2002 al 2007 in Campania sono state arrestate 147 persone e denunciate 355, con il coinvolgimento di 87 aziende.

Del resto, rischiare conviene. Nel ciclo dell'ecomafia la camorra ci guadagna quattro volte. Quattro volte perde l'ambiente. Prima si realizzano cave abusive per estrarre ghiaia e sabbia; poi si utilizzano questi materiali per costruire opere pubbliche, spesso inutili, o case fuorilegge; quindi si riempiono le buche con rifiuti urbani e tossiconocivi; infine, si costruisce sopra o intorno, dopo aver nascosto il tutto con uno strato di terra. I clan vincenti hanno il monopolio assoluto nei settori del ciclo del cemento e dei rifiuti. In essi costruire un'impresa che si presenti sul mercato e concorra in una gara di appalto è un gioco da ragazzi. E nel caso ci fossero problemi, con «diplomazia» si acquisisce il controllo sulle imprese già operanti nel territorio. Il tutto grazie al forte condizionamento che i clan riescono ad avere sulla pubblica amministrazione. La camorra vuole il monopolio nel settore rifiuti: una sfida indiretta al mondo politico che punta alle liberalizzazioni.

La Seveso del sud

Feci animali. Letame. Urine. Fanghi velenosi, tossici. Ceneri. Scorie di alluminio. E ancora cromo, rame, zinco, cadmio in quantità industriale. La Campania è contaminata dentro e fuori, avvelenata a tal punto da essere paragonata a Cernobyl dal magistrato Donato Ceglie della Procura di Santa Maria Capua Vetere. Da anni la provincia di Caserta, il litorale domizio flegreo, l'area nord di Napoli rappresentano il cimitero, non più segreto, delle schifezze di mezza Italia. Schifezze che ormai, attraverso i campi e le buche scavate vicino ai metanodotti, stanno inquinando le falde acquifere dell'intera regione. Un attacco vigliacco, violento e criminale che sta facendo più morti, nel tempo, di qualsiasi altra attività criminale nel nostro paese. E proprio «Operazione Cernobyl» è stata denominata la più recente inchiesta sulla Rifiuti S.p.A. della Procura di Santa Maria Capua Vetere. Due anni di indagini, oltre 100.000 intercettazioni telefoniche, più di cento camion che hanno scaricato almeno 980.000 tonnellate di rifiuti velenosi. Cinque aziende sequestrate, 30 persone arrestate, coinvolte tutte le province della Campania e una della Puglia, profitti per 50 milioni di euro. Nelle campagne, nelle acque dei fiumi, nelle buche di un metanodotto veniva scaricato quello che è definito «compost», concime di qualità, ma che altro non è che veleno micidiale, in maggior parte cromo esavalente con, a detta degli inquirenti, «un potenziale inquinante pari ad un'arma chimica». Uno scenario da bomba chimica, una bomba che, nonostante la pericolosità, non ha superato i confini della Campania nelle notizie della stampa. Ancora una volta, tutto circoscritto. Sull'ecomafia la stampa italiana si è fermata a Napoli.

Un silenzio assordante che uccide due volte. Eppure, basta andare su internet per capire la pericolosità del cromo esavalente, una sostanza cancerogena la cui esposizione nei settori industriali può determinare vari effetti tossici nell'uomo, con una possibilità elevata di insorgenza di tumori ai polmoni, fosse nasali e seni paranasali. E la contaminazione dell'acqua, del terreno e dell'aria da parte di questa sostanza può determinare allergie cutanee e persino alterazioni del Dna.

A rischio sono tutti gli alimenti inquinati dall'acqua. Chissà se, leggendo tutto ciò, si può capire che il rischio non riguarda solo i confini campani. Ma si sa, siamo il paese della cuccagna, dove è meglio evitare ogni allarmismo. Questi argomenti non hanno appeal, sono scomodi, non determinano un ritorno di voti e di consensi elettorali. Si solleverebbe un coperchio enorme, emergerebbero troppe responsabilità, anche difficili da gestire.

E le conseguenze sono sotto gli occhi di tutti. La Campania ormai rappresenta la Seveso del sud. Anzi, la mattanza ambientale in atto fa impallidire anche la catastrofe ambientale di Seveso. Secondo i dati dell'Apat, l'Agenzia nazionale per la protezione dell'ambiente, la Campania da sola ospita il 43% dei veleni d'Italia. In termini assoluti, 1.763 km^2 di territorio avvelenato da anni di ecomafia, di sversamenti legali e illegali. Il primato al litorale domizio e all'agro aversano che detengono il record negativo con 163.000 aree inquinate. Basti pensare che Porto Marghera (il polo chimico alle porte di Venezia) ne ha appena 5.000. Una vera e propria guerra ambientale, con circa 250.000 persone avvelenate da diossina, fanghi, cromo. E gli ultimi studi dell'Organizzazione mondiale della sanità, dell'Istituto superiore della sanità e del Cnr dicono che, tra i rifiuti della Campania, crescono morti e tumori. Tra gli uomini la mortalità generale è del 9% più elevata tra coloro che vivono nelle vicinanze di discariche e sversamenti legali e illegali di rifiuti sul proprio territorio rispetto ai cittadini che vivono in aree senza rifiuti. Tra le donne il tasso è del 12%. Il dato più significativo è l'aumento del tumore al fegato: del 19% tra gli uomini e del 29% tra le donne. Nel triangolo Nola, Acerra e Marigliano l'indice di mortalità per cancro al fegato raggiunge il 36% per gli uomini e supera il 20% per le donne. E per alcune patologie l'incremento registrato schizza al 400% in più rispetto al resto del Paese.

A fronte di questi dati drammatici, alla voce bonifica compare uno zero spaccato. Ventitré siti sono sotto indagine preliminare, 20 con il piano di caratterizzazione approvato, 3 con progetto preliminare approvato, 2 con progetto definitivo approvato. Ma di concreto ancora nulla. La bonifica tanto attesa dai cittadini e tanto sbandierata dai politici in Campania rimane una vera e propria chimera. Mancano i soldi, nonostante nel 1997 fossero stati stanziati dallo Stato oltre 174 milioni di euro. Dirottati, guarda caso, nel capitolo emergenza rifiuti.

Un viaggio nell'inferno dei rifiuti

Sono le 10,40 del 4 febbraio 1991, quando un uomo si presenta al pronto soccorso dell'ospedale Cardarelli di Napoli. È Michele Tamburrino, autista di un camion che ha caricato in provincia di Cuneo oltre 350 fusti di rifiuti speciali diretti a una discarica autorizzata di Santa Anastasia, in provincia di Napoli. I barili sono stati prelevati da un'azienda specializzata nello smaltimento di rifiuti tossici. Tamburrino accusa un forte bruciore al viso e un abbassamento della vista. Racconta ai medici di essere stato colpito in volto da un getto fuoriuscito dalla batteria del suo mezzo. I medici decidono di ricoverarlo. Lui rifiuta e torna nella sua casa in Basilicata. Le sue condizioni si aggravano ed è costretto a ricoverarsi all'ospedale di Matera. Da qui viene trasferito a Potenza, dove gli viene diagnosticata una grave forma di intossicazione agli occhi, con rischio di perdita della vista, dovuta a sostanze chimiche pericolose. Si aprono le indagini. Tamburrino confessa. Trasportava sostanze pericolose. Abbandonate in tutta fretta nella campagna di Villaricca perché le esalazioni che fuoriuscivano da quei bidoni gli creavano un fastidioso problema alla vista. Successivamente si scopre che quell'italo-argentino lavorava per una ditta di autotrasporti del salernitano. A diciassette anni di distanza, di Tamburrino non si ha più traccia, i magistrati hanno accumulato pile di fascicoli e metà di quei bidoni sono ancora lì, abbandonati in località Torretta Scalzapecora, al confine tra Qualiano e Villaricca. Non sono bastati diciassette anni per arrivare alla verità sulla loro provenienza. Non si saprà mai con certezza, ma probabilmente quei bidoni appartenevano alla Karen 3, una delle famose navi di veleni che, attraverso i porti italiani, esportava rifiuti in Nigeria. Eppure, la storia di quel misterioso viaggio Cuneo-Napoli, l'incidente costato caro a Mario Tamburrino, primo *pusher* illegale di rifiuti, nascondevano il nuovo grande affare della criminalità organizzata, ma soprattutto era il segnale che l'area nord di Napoli, tra i comuni di Qualiano, Giugliano e Villaricca era stata scelta come sede operativa e strategica della Rifiuti S.p.A.

Cemento, asfalto, palazzoni, capannoni irregolari, centri commerciali, piloni, sopraelevate, strade infinite. Siamo sull'asse mediano, la strada del «terremoto», oltre il sipario autostradale c'è un scempio urbanistico. Un girotondo che collega l'area nord di Napoli con il litorale domitio in provincia di Caserta. Ci troviamo nel triangolo Qualiano, Villaricca, Giugliano: terre di nessuno. Uno spicchio d'Italia martoriata da discariche abusive, dove sono stati riversati rifiuti di ogni tipo. Pattumiera d'Italia per decenni. I cartelli stradali sono diversi, ma davanti agli occhi è un unico scenario. Immobile, identico. Case, cemento e calcestruzzo. In anni lontani era un territorio agricolo, turistico. La sua ricchezza era la terra, coltivata a frutteti, destinata al pascolo delle bufale, litorali rigogliosi di macchia mediterranea. Ora sono i rifiuti i veri padroni di queste terre. Sembra un territorio lunare, un'immagine trasmessa da un satellite in orbita intorno a un pianeta da esplorare, oppure una scena da film apocalittico, alla *The day after*. Si è violato tutto il violabile, si è distrutto tutto il distruttibile, impunemente. Le sopraelevate che caratterizzano l'asse mediano nascono qui come eredità del dopo terremoto, con i fondi della ricostruzione. Costate il doppio di quanto inizialmente preventivato, grazie al trucco ingegnoso delle «perizie di variante», uno straordinario strumento di lievitazione di costi. Ci sono voluti quasi vent'anni per completare queste strade. Spesso inutili, molte volte insicure. Nascono dalle macerie del sisma, da quell'humus di corruzione che è stata la grande festa della ricostruzione, quando la camorra ha cominciato a diventare imprenditrice. Mentre si costruiscono queste strade, mentre l'Italia vince i mondiali, ai tavoli che contano si stringe il patto tra camorra, Stato e imprenditoria locale. Obiettivo: la distruzione del territorio. Si spartiscono i soldi nella costruzione dell'asse mediano che poi si utilizza per far transitare i «camion della morte» di rifiuti tossici e di movimento terra. Questa zona rappresenta la frontiera del male, dello sporco affare. *Welcome* nella terra di nessuno. Qui non si gioca nessuna partita elettorale. I politici di questo territorio non hanno nomi altisonanti.

Un territorio inquinato moralmente dalla camorra e fisicamente dai rifiuti tossici e nocivi con cui la criminalità organizzata si è arricchita. Un territorio sterminato, che inghiotte rifiuti da anni. Qui ogni giorno si bruciano tonnellate di rifiuti di ogni tipo. Il tutto sotto la regia della camorra che entra in scena di giorno e di notte, non fa differenza, poiché qui comanda lei. Si appicca il fuoco, senza nessuna preoccupazione, alle cataste di rifiuti illegali. I mezzi a disposizione sono poveri ma efficaci. Basta una macchina, stracci e taniche di benzina, e il gioco è fatto. Materiale da incendiare ce n'è in abbondanza nelle campagne isolate del giuglianese. Qui i camion – non più i tir di una volta, ma piccoli furgoni, i cosiddetti padroncini – arrivano di notte e trovano ad aspettarli persone fidate, senza le quali nessuno sarebbe capace di orientarsi tra le stradine e i viottoli della campagna del giuglianese. Oggi la tecnica di smaltimento con grossi camion e ruspe ha lasciato il posto a quella nuova dei «pusher» dei rifiuti speciali pericolosi: piccoli furgoni riempiono con palate di veleni tossici che possono essere scaricati sul luogo in pochissimo tempo. In una giornata la stessa procedura di smaltimento si ripete per tre o quattro volte. Parallelamente si intensifica il fenomeno dei camion cisterna che di notte scaricano il loro contenuto nei tombini dell'area industriale. Un'operazione rapida – visto che le cisterne hanno il tubo già allacciato – che provoca lo spettacolo del «tombino fumante», ormai tipico di questa zona. Camion che viaggiano scortati da Mercedes. Del resto, sono loro che da decenni controllano il territorio. Sanno chi far passare e chi no. Ed ecco che, in un'area fortemente urbanizzata, dove risiedono circa 150 mila persone, si segnala la presenza di ben 40 discariche, di cui 27 contenenti probabilmente rifiuti pericolosi. Negli ultimi cinque anni le discariche illegali sono aumentate del 30%.

Ormai da tempo il fetore dei liquami, la diossina sprigionata dagli incendi di copertoni riempiti di rifiuti pericolosi (veleni ed eternit) minacciano le produzioni agricole. Ogni notte vengono date alle fiamme centinaia di bobine e nastri magnetici con una tecnica collaudata. Si scarica materiale ad alto potere combustibile, come copertoni e resti di pellame di scarpe, poi si cospargono i terreni di rifiuti tossici: resti di fonderie, di vernici, colle o morchie di nafta. E in un attimo si incendia il tutto. E nel sistema dell'illegalità vengono assoldati anche i piccoli rom, pagati per dare fuoco ai rifiuti. Colonne di fumo nero sono visibili a chilometri di distanza. Un fumo nero come la rabbia dei contadini che lanciano maledizioni ogniqualvolta il cielo si oscura.

I danni non si contano. Il giro d'affari nel settore agricolo in quest'area è in picchiata, con una diminuzione del 30-40%. Dal giuglianese i carichi di prodotti agricoli viaggiano in direzione di Veneto, Lombardia, Toscana ed Emilia. La vendita dei prodotti ortofrutticoli dell'area nord è calata negli ultimi cinque anni del 25%. Crollo per kiwi, mele, fragole e pesche. Molte piante sono seccate alla radice. E i contadini, presi tra due fuochi, da un lato gli affari che vanno male, dall'altro le pressioni della camorra, si trovano costretti a cedere i terreni. Un vero disastro economico per i 190 piccoli coltivatori della zona. Questo territorio fuori controllo, di assoluta gestione anarchica, dove chi più ha più scarica, è come un grande inceneritore, il primo a essere operativo. A costo zero, dove si può bruciare di tutto. Un inceneritore che è stato a lungo la soluzione dell'emergenza rifiuti in Campania. Un territorio sterminato, questo dell'inceneritore paese, che da anni inghiotte rifiuti, abusivi e non. In località Ponte Riccio, la discarica Resit stracolma di ecoballe e poi data alle fiamme giace ancora all'aria aperta con tutto il suo carico pestilenziale carbonizzato, mentre i contadini continuano a lavorare e respirare nella zona. I lavori dell'inceneritore non conoscono sosta. Nei pressi della discarica Masseria del Pozzo, continuano senza interruzione, a partire dalle 2 di notte, gli incendi di tonnellate di copertoni misti ad altre tipologie di rifiuti. Le colonne di fumo invadono tutto il centro abitato di Qualiano, i cui cittadini sono tutti inconsapevoli lavoratori di questo inceneritore perfetto. Chi è addetto alla chiamata dei Vigili del fuoco, chi alla predisposizione di stracci sotto le porte per impedire che la puzza penetri di notte nelle stanze, chi a pulire la mattina dopo i balconi dal nerofumo, chi a eseguire le solite fotografie dai vari tetti. Ma c'è anche chi, invece, conta i soldi che ha guadagnato.

La tecnica di incenerimento è sempre la stessa. Esportabile. Basta avere un territorio agricolo a disposizione e il disinteresse delle istituzioni. Si parte con un sopralluogo preliminare, l'indicazione del luogo di scarico mediante qualche oggetto particolare rinvenuto tra i rifiuti (sedie, poltrone, televisori, molto gettonati i wc colorati), l'arrivo del camioncino, e lo scarico veloce dei copertoni, dopo aver regalato 30 euro ai rom che provvedono all'attivazione dell'inceneritore. Copertoni che, ricordiamo, sono pieni di sostanze tossiche, scarti di conceria, fanghi industriali, solventi. Un sistema efficace anche per lo smaltimento delle ceneri, dato che rimangono in loco e fungono da base per il prossimo carico. L'inceneritore paese è molto efficiente.

E che dire dell'emergenza amianto? In tutta l'area del giuglianese ormai non vi è stradina interna, vecchia masseria o campo dell'entroterra che non abbia il suo cumulo di lastre di eternit. Questo materiale, contenente fibre di amianto, proveniente dallo smantellamento di vecchi tetti e depositi, viene sistematicamente smaltito all'aperto. E sì, perché anche l'inceneritore paese ha le sue regole di funzionamento. La tecnologia non è ancora pronta a bruciare eternit. Meglio lasciarlo riposare. E nei pressi dell'inceneritore paese si trova un campo rom. Sembra un'immensa discarica, grande, devastante, dove i bambini prendono a calci i topi. Nel tempo perso, perché la maggior parte del tempo viene spesa a recuperare rame da vendere al mercato nero. Qui manca tutto. Il diritto di cittadinanza si è perso nel tempo. Niente acqua potabile, niente servizi igienici, niente elettricità. Solo fetore stagnante, impregnante. Fumo nero. Da togliere il respiro. Un fumo che raggiunge il cielo e fa sentire tutti nelle viscere della terra. E intorno un canyon, profondo decine e decine di metri, scavato con pale meccaniche e scavatrici.

È qui che si alimenta il circuito d'oro dell'ecomafia. Il campo rom sorge vicino a una discarica, immensa, tremenda, 110 mq di scarti di vernice, pneumatici, rottami di automobile. Un vero cimitero dove convivono rifiuti umani e rifiuti solidi urbani, rifiuti speciali e rifiuti normalizzati, rifiuti nazionali e rifiuti senza patria.

Ed è qui che si muore. Nel lager della vergogna, in questo campo rom numero 7 di Giugliano, un bimbo di appena venti giorni muore per «degrado». Stroncato dalla febbre. Si chiamava Samir Husic, era nato l'8 gennaio 2004. Muore nella giornata della memoria. «Per le complicazioni di una bronchite curata male» dicono i medici dell'ospedale La Schiana di Pozzuoli. Più semplicemente è morto di rifiuti. Una delle tante vittime innocenti che una guerra può fare, vittima delle condizioni disumane in cui è costretta a vivere la sua famiglia. In quell'inferno della zona Asi di Giugliano, località Ponte Riccio. Nella maledizione del campo numero 7, dove è concentrato il peggio del disastro ambientale del nostro paese. Un luogo ai confini del mondo, intollerabile per un paese che si definisce civile. Sullo sfondo, frutteti e altre piantagioni. Distrutti, annientati dall'omertà delle grandi industrie del nord che, grazie a «mamma camorra» e a politici conniventi, sono riusciti a trasformare queste terra fertile in cimiteri dell'ecomafia. E per dimostrare che nulla muore e tutto si rigenera, ecco che i criminali costruiscono proprio su quei terreni pieni di veleni. Ma qui nessuno sembra accorgersi, anche se nel giro di poche centinaia di metri i centri commerciali sono presi d'assalto da migliaia di famiglie proveniente da tutto l'hinterland partenopeo. Tutto ciò non esiste. Lo conferma, in data 31 maggio 2005, l'allora ministro dell'Ambiente Altero Matteoli rispondendo a un'interrogazione parlamentare dell'onorevole Ermete Realacci: «Da notizie assunte dal Comando provinciale dei carabinieri di Napoli risulta che nell'Agro Giuglianese non sono stati finora riscontrati casi di incenerimento abusivo di rifiuti tossici». Se qualche fumo si vede, par di capire, è solo ed esclusivamente colpa dei rom. Aggiunge infatti Matteoli: «Presso il campo rom ubicato nell'area di sviluppo industriale di Giugliano, i nomadi sono soliti incendiare materiali di scarto al fine di ricavarne rame».

E c'era anche chi lo denunciava da tempo. Nel novembre del 1988, un giornale locale, la «Voce di Qualiano», segnalava un traffico di camion con targhe del nord contenenti rifiuti. «Una sospetta comparsa nelle nostre strade di camion della nettezza urbana provenienti dal nord Italia» scrivevano gli autori dell'articolo. «Tra gli automezzi targati Torino, Vercelli, Firenze, da noi avvistati nelle strade cittadine e provenienti o diretti alla discarica, è balzato ai nostri occhi un piccolo furgoncino color rosso targato Benevento che portava sulla fiancata laterale una minuscola scritta: "trasporto rifiuti speciali infetti".» In quella occasione i giovani reporter del giornale posero delle domande a Giovanna Lettieri, responsabile del servizio ecologico dell'Usl 23. «Circa il transito di camion con targhe di città del nord Italia» rispose sulle pagine del giornale la dottoressa, «abbiamo chiesto la fattiva collaborazione ai sindaci del comprensorio affinché fermino e controllino la provenienza e le dovute autorizzazioni rilasciate dalle varie regioni che i camion hanno attraversato. Ma non pensiamo che sia il caso di creare eccessivi allarmismi.» Ancora una volta il tempo è stato galantuomo. I fatti accaduti negli anni successivi l'hanno smentita.

I cacciatori dell'oro rosso

La nuova frontiera dell'ecomafia: i nuovi cercatori d'oro. Oro rosso, il rame. Rubato e rivenduto, riciclato in Italia e spedito illegalmente in Cina, dove la produzione locale non riesce a star dietro al fabbisogno della crescita industriale. Un mercato fiorente, con pochi rischi e tanto guadagno. Oltre l'80% l'incremento del prezzo del rame nel solo 2006, circa 400% l'aumento negli ultimi tre anni. Quotato ufficialmente 8000 euro a tonnellata, la cifra si dimezza sul mercato nero. I paesi dell'Est sono stati i primi ad accorgersi dell'affare. Il rame si trova facilmente in giacimenti a cielo aperto, lungo i binari delle ferrovie, nelle gallerie sotterranee della metropolitana, nei cavi dell'illuminazione pubblica, nei cantieri dell'alta velocità e perfino in chiese e cimiteri.

Una media di tre grossi furti al giorno alle sole Ferrovie dello Stato. Nel 2006 dai binari sono sparite 1.231 tonnellate di trecce di rame, per un danno di circa 12 milioni di euro e 40 mila minuti di ritardi accumulati nei primi mesi del 2007. Rubare il rame è facile, non servono grandi mezzi tecnici. In molti casi basta un'Apecar. Poi si tratta di individuare un tombino, legare i fili elettrici al paraurti e tirare. Si aspetta l'arrivo della sera, un cerino, ed ecco che inizia lo spettacolo pirotecnico. I fili vengono incendiati per eliminare la guaina di plastica, e poi il rame viene rivenduto. Il mercato criminale recepisce la domanda e arruola i rom per rubare e bruciare. Sui terreni agricoli rimangono le scorie della combustione. Altri veleni che rischiano di entrare nella catena alimentare. Basta un po' di pioggia perché vengano assorbiti dal terreno, spesso coltivato, e giungano alle falde acquifere. Il rame è il miglior conduttore elettrico, insieme all'argento, ma a differenza di quest'ultimo è riciclabile al 100%. Una manna per il mercato clandestino e soprattutto per la criminalità organizzata, in prima fila non solo con il ruolo di ricettatore ma anche pronta a fornire qualche pezza d'appoggio burocratica per legalizzare i rifiuti. In tutto il paese sono sorte società che forniscono bolle d'accompagnamento false per il materiale rubato e rivenduto al mercato nero. E come sempre la Campania rappresenta il crocevia di smistamento per le rotte asiatiche. Rubato, tagliato o semplicemente sfilato dalle canaline, nascosto in balle compresse di rifiuti e spedito in Cina nei container via nave. Destinazione finale: Ganhe, sperduta località nel mezzo della pianura tibetana dove sta nascendo una zona industriale, la silicon valley del Tibet, un investimento da 50.000 dollari. Da lì tornerà nel mercato legale sotto forma di microchip, motori, giochi per bambini, rubinetti e serrature.

Acerra, il paese della diossina

Il 17 maggio del 2002 in una piazzola di sosta vicino a Mestre, ci sono quattro camion di una ditta di Maddaloni, un comune del casertano, con un carico di rifiuti tossici provenienti da Porto Marghera. Sono fermi. Una telefonata li ha avvertiti che il centro di stoccaggio del veneziano dove avrebbero dovuto sversare è oggetto di un controllo dell'Agenzia regionale ambientale del Veneto. Il tempo passa, il telefono non squilla, la strada è trafficata. Il rischio è enorme. Dopo un'ora una donna si presenta alla piazzola con nuovi documenti di viaggio in cui i codici dei rifiuti e la destinazione finale sono stati modificati. Si scende al sud. Tappa finale, un centro di stoccaggio della ditta Pellini ad Acerra. I rifiuti di quei camion, come accerterà successivamente la magistratura napoletana, non potevano essere riciclati in nessun modo. Erano presenti idrocarburi, altamente cancerogeni, in concentrazione superiore al 410% rispetto ai limiti di accettabilità. Quei rifiuti, secondo l'inchiesta della magistratura, sono stati smaltiti nei campi del comune acerrano o frantumati per ottenere mattoni per l'edilizia e asfalto per le strade. Un episodio emblematico per entrare dalla porta principale nel territorio di Acerra, Nola e Marigliano che, con le varie aree industriali e le distese di terreni incolti, resta una delle mete preferite dalla criminalità ambientale e dall'ecomafia. Un territorio che un tempo era uno dei più fertili della Campania. Si coltivavano ortaggi, si pascolavano pecore, si producevano formaggi e derivati del latte. Ma, anno dopo anno, il paesaggio del territorio acerrano si è modificato, i terreni sono diventati sempre meno verdi, a ogni angolo di strada sono sorte come funghi microdiscariche di rifiuti di ogni tipo. E di notte il fuoco degli incendi dei rifiuti tossici dava la buonanotte ai cittadini. Come un cancro, come una metastasi invasiva senza scampo, gli ecomafiosi si sono impadroniti del territorio per i loro sporchi affari. Significativo il caso della bomba ecologica ritrovata alla fine degli anni Novanta a Nola nei pressi dello stabilimento dell'Alenia, dove, in seguito a un incendio, furono ritrovati circa duecento bidoni industriali interrati abusivamente da almeno tre anni, i cui vapori determinarono l'intossicazione di sei operai dell'Alenia e di due carabinieri. La Procura di Nola avviò un'inchiesta per accertare i motivi della mancata rimozione dei fusti pericolosi e le eventuali responsabilità. In suo possesso, verbali redatti dall'Asl che già negli anni precedenti aveva confermato la presenza nella stessa zona di numerosi fusti.

In quest'area, conosciuta con il nome, quasi profetico, di Boscofangone, furono ritrovati anche numerosi pannelli di amianto. La zona è propizia per agire indisturbati: lontana dal centro abitato, ma a pochi metri dall'autostrada e dall'Asse mediano. Il sottosuolo di Boscofangone, dopo neanche un mese dall'incidente presso l'area dell'Alenia, rivomita veleni. L'allarme sulla zona di Acerra viene lanciato anche dal Procuratore di Nola Adolfo Izzo che nell'audizione del 17 giugno 2003 davanti alla Commissione d'inchiesta sul ciclo dei rifiuti così racconta: «Esiste una vastissima area in cui vi è una situazione di scempio, di vero disastro ambientale. Alcuni anni fa scoprimmo nel territorio di Acerra una zona, la cui dimensione reale non siamo, però, riusciti a verificare, in cui erano presenti rifiuti industriali, rifiuti speciali; tant'è che qualcuno faceva la battuta che i broccoli che si coltivavano in superficie fossero particolarmente tenaci al ferro, quasi radioattivi. [...] Aree nelle quali ancora oggi continua quel fenomeno di sfruttamento del territorio da parte di sciagurate ditte o di sciagurati trasportatori, i quali – non so per quale tornaconto a livello patrimoniale, ma è facile immaginarlo – accettano di scavare, riempire e coprire, in modo che nessuno abbia a rilevare, disponendo soltanto di mezzi comuni come la vista e l'olfatto, a meno che non vi siano prodotti che emettono miasmi particolari».

Le conseguenze per l'ambiente e la salute dei cittadini sono, invece, facilmente immaginabili. Il Corpo forestale dello Stato l'ha definito «il triangolo dei veleni», il vescovo di Nola «la discarica abusiva dell'Italia ricca e industrializzata». Ben un milione e 200 mila metri quadri di territorio del triangolo dei veleni sono stati sepolti da migliaia di tonnellate di scorie tossiche. Sedici persone arrestate, diciotto denunciate, quattro aziende sequestrate, venticinque discariche abusive scoperte. Un giro d'affari di circa 3 milioni di euro l'anno. Questi i numeri dell'operazione «Terra Mia» condotta dal Corpo forestale dello Stato che ha permesso di sgominare una vera e propria organizzazione dedita allo smaltimento illecito di rifiuti. Un'indagine durata circa tre anni e condotta dalla procura di Nola, in particolare dal magistrato Federico Bisceglia. Oltre 15.000 conversazioni, mille ore di telefonate, e pedinamenti con il coinvolgimento di circa 150 agenti hanno dimostrato che alcune aziende della Campania attive nel campo della lavorazione dell'alluminio si liberavano dei rifiuti in maniera illecita, affidandoli ad autotrasportatori non autorizzati. L'ipotesi di reato si riassume in due parole: disastro ambientale. Secondo l'impianto accusatorio, due bande di ecocriminali, collegate a tre aziende che possedevano autorizzazioni lecite per smaltire materiali ferrosi, per anni avevano sganciato impunemente sul territorio vere e proprie «bombe ecologiche». I veleni erano stati smaltiti dovunque: a fianco di pozzi e di canali denominati Regi Lagni, su sponde di campi coltivati, a ridosso di uliveti, alberi da frutta e allevamenti. La solita storia della Campania. L'azione encomiabile della magistratura arriva quando «le vacche sono scappate dalla stalla». Quando l'atto criminale è avvenuto e i danni sono già in corso.

E il paradosso è che, nonostante le innumerevoli note inviate a comuni, province, regione, commissario, nessuno fa nulla, i rifiuti restano nei siti sequestrati e si continua a sversare. Un atto di accusa ribadito dal magistrato Federico Bisceglia, pm della Procura di Nola, che per anni ha indagato sui traffici di rifiuti, oggi trasferitosi a Brescia: «Le azioni giudiziarie non servono a nulla se non sono seguite da provvedimenti delle amministrazioni locali. Non possiamo chiedere più del sequestro dei siti e se c'è l'inerzia da parte di chi deve provvedere, come indica la legge, a mettere in sicurezza il terreno, anche il nostro lavoro viene vanificato». Dalle carte dell'inchiesta emerge che l'organizzazione affidava camion carichi di materiale altamente inquinante addirittura a trasportatori minorenni. Quasi tutta la roba finiva in terreni privati dietro un compenso di 250 euro a viaggio. Con danni all'ambiente e alla salute dei cittadini. «Non abbiamo elementi» ha commentato il Procuratore di Nola, Adolfo Izzo, «perché questa situazione presenta aspetti difficilmente dimostrabili, soprattutto dal punto di vista giuridico. Sta di fatto che le scorie che abbiamo sequestrato contengono elevate concentrazioni di olii minerali e residui di piombo che possono provocare il cancro e nella zona sottoposta alla nostra attenzione, che per anni ha subito scempi dal punto di vista ambientale, sono notevolmente aumentate le malattie tumorali.»

E se il veleno non arrivava dai traffici illegali, per decenni ci ha pensato un impianto industriale, la Montefibre, realizzato nel 1982, accolto come una manna per la grave crisi occupazionale che colpisce i comuni del sud. Ma più che occupazione, la Montefibre ha portato inquinamento e danni alla salute. Diretta e indiretta. Con la Montefibre si respiravano veleni, perché nel processo industriale si utilizzavano particolari sostanze chimiche come paraxilolo e metanolo. Il tutto avveniva in un impianto obsoleto, privo di norme di sicurezza e antinquinamento che negli anni '94-95 è stato oggetto di numerosi incendi con fuoriuscita di nube tossica. Terreni fertili sacrificati in nome di uno sviluppo «industriale» tanto atteso ma mai decollato.

Intorno al Cis di Nola, all'Interporto, alla Montefibre, all'Alenia le scorie sono spuntate come funghi. Ma come sempre succede da queste parti, tutti sapevano, e nessuno vedeva. I cittadini acerrani, per anni costretti a combattere contro il «mostro» industriale, come premio per la loro battaglia e la loro tenacia si sono visti «assegnare» la realizzazione del famigerato inceneritore o termodistruttore, la manna o la panacea, secondo vari punti di vista, per l'emergenza rifiuti in Campania.

Mentre la popolazione protestava, scendeva in campo contro l'inceneritore, c'era qualcun altro che ne approfittava per continuare a smaltire illecitamente nelle campagne di Acerra milioni di tonnellate di veleni.

È storia di oggi. Inizio 2006. Un milione di tonnellate di immondizia industriale e nociva utilizzata come compost per migliorare la produzione della Campania Felix. Un quadro agghiacciante che ha portato in carcere cinque persone, agli arresti domiciliari altre otto, al sequestro di diverse strutture per il trattamento di rifiuti e a oltre 100 indagati in tutta Italia. L'operazione è stata condotta dal sostituto procuratore Maria Cristina Ribera della Procura di Napoli con l'ausilio dei militari del Nucleo operativo ecologico dell'arma dei carabinieri. Per anni un impianto di smaltimento di Acerra, garantiva alle industrie che dovevano disfarsi di terribili veleni, sostanze altamente cancerogene, di trovare in Campania, o meglio Acerra, un terminale sicuro. Tutto ruotava intorno alla Pellini srl, società che nell'ultimo triennio è riuscita a guadagnare almeno 27 milioni di euro senza dover accusare spese, grazie a un complesso giro di società, fatture e autorizzazioni false. Un'ordinanza di custodia cautelare colpisce i fratelli Pellini, uno dei quali maresciallo dei carabinieri in servizio presso il Nucleo informativo di Napoli. Sarebbe lui «l'anima nera dell'organizzazione». «Era lui» è scritto nell'ordinanza di 400 pagine, «a trattare direttamente i prezzi per lo smaltimento dei rifiuti con alcune ditte ed era capace di influenzare le stesse indagini.» Tra le persone indagate anche un funzionario del comune di Acerra e alcuni tecnici dell'Agenzia Arpac. E che nello smaltire i rifiuti pericolosi non si facessero grossi scrupoli lo dimostra un episodio avvenuto nell'estate 2005: per disfarsi di pezzi di una vecchia condotta di metano (che doveva essere rottamata), ricorsero a un particolare escamotage: tubi imbevuti di gas pericolosi. Ebbene, dopo aver ridotto a pezzi i tubi in una vecchia discarica di Parete, nel casertano, li riportarono ad Acerra, dove in un campo non lontano dal cimitero vennero dati alle fiamme. I resti della condotta vennero triturati e mescolati ad altri fanghi industriali e spalmati come compost sui terreni agricoli di Acerra e dintorni.

A un passo dal costruendo inceneritore e dai veleni della

Montefibre, in ettari di terreno avvelenati dagli sversamenti abusivi e dagli scarichi incontrollati della Enichem, risiede con il proprio pascolo la famiglia Cannavacciuolo, e a pochi chilometri da loro un'altra famiglia di allevatori, Mario e Patrizia Gerlando. Vivono da generazioni pascolando, vendendo il latte e il formaggio. Il gregge è la loro fonte di reddito. Almeno fino al 2003, cioè quando le le loro pecore lentamente iniziano a morire, una dopo l'altra; gli agnelli nascono deformi, piccoli mostri genetici. Nel 2003 la famiglia Cannavacciuolo possedeva 2.500 capi. Gli animali per anni hanno pascolato sui terreni inquinati, hanno mangiato erba avvelenata e bevuto acqua contaminata. La terra, del resto, nasconde tonnellate di robaccia tossica. Il capostipite della famiglia, Vincenzo, era l'allevatore per eccellenza ad Acerra. Era conosciuto da tutti. Aveva tramandato ai suoi figli l'arte antica della pastorizia. Vincenzo Cannavacciuolo, 59 anni, è morto nell'aprile del 2007, distrutto da un cancro a un polmone, che con la velocità del lampo gli ha mangiato anche reni e ossa. Una vittima dell'ecomafia, di anni di distruzione del territorio, dell'omertà e della connivenza di parti delle istituzioni. Diossina, la sostanza incriminata. Nel sangue di Vincenzo Cannavacciuolo, prelevato poco prima che morisse e inviato per le analisi a Porto Marghera e in Canada, sono stati riscontrati valori di diossina pari a 255 picogrammi per grammo, laddove il limite tollerato è pari a 3. Nel sangue del fratello Mario, che continua a combattere per avere giustizia, ne sono stati riscontrati 47. Eppure l'allarme era evidente, gli animali erano stati monitorati per un lungo periodo da Leopoldo Iannuzzi, un ricercatore del Cnr, che aveva riscontrato un livello di diossina 13 volte superiore a quello consentito per legge. Ma nonostante lo studio pubblico da brivido, l'area non è mai stata messa in sicurezza; anzi, sono stati tagliati i fondi per la ricerca e interrotti gli esperimenti. Ad Acerra il Governo Prodi ha dichiarato lo stato d'emergenza «per fronteggiare l'inquinamento ambientale da diossina». Le famiglie Cannavacciuolo e Gerlando non possono più vendere il latte delle pecore né gli animali per la macellazione. Le pecore sono state abbattute, e loro sono in attesa dei soldi per il risarcimento. Nel frattempo vivono con l'aiuto di qualcuno, con i debiti che si accumulano, mentre i contadini continuano a vendere i prodotti coltivati su quelle stesse terre dove cresce l'erba avvelenata.

E a pochi chilometri da Acerra, a Nola, una banda di criminali ha rubato 600 pecore infette da diossina, sotto sequestro dal novembre del 2006 e in attesa di essere abbattute. Il rischio sanitario è alto: formaggi e agnelli contaminati possono essere messi nel circuito illegale gestito dalla criminalità organizzata e finire sulle tavole dei cittadini.

La diossina c'è ma non si vede

Era l'11 marzo del 2003, quando scoppiò l'emergenza diossina in Campania. La Procura di Santa Maria Capua Vetere mise sotto sequestro preventivo 12 aziende zootecniche nel comune di Marcianise (Caserta) per complessivi 5.720 capi di bestiame. Dagli esami eseguiti su numerosi campioni di mangime, foraggi, latte e derivati emerse la presenza di diossina in concentrazioni superiori ai limiti fissati dalla normativa. Sono centinaia le analisi sul latte disposte dai magistrati: la diossina arriva a 27 picogrammi per grammo di grasso, contro una soglia ammessa di 3. In totale vengono effettuate ben 448 analisi, di cui 306 disposte dall'autorità giudiziaria e 142 dalle Asl. I campioni positivi sono 128, di cui 107 su matrici alimentari e 11 sui foraggi. L'obbligata e tragica conseguenza delle indagini è stata l'abbattimento di 4.800 capi tra capi bovini e ovini delle aziende zootecniche oggetto di sequestro. Un duro colpo per uno dei compartimenti più importanti dell'economia regionale e nazionale. Solo in Campania sono 36.000 le mucche da latte, quasi 50.000 le bufale, 85.000 le pecore. Le aziende agricole che producono latte sono quasi 10.000, i caseifici operanti oltre 500. Il giro d'affari annuo complessivo è superiore agli 800 milioni di euro.

Il meccanismo prevalente di contaminazione da diossine è da ascriversi a una ricaduta al suolo (fallout) che si deposita sulle foglie di erba, foraggio e verdure, e attraverso tali alimenti entra nella catena alimentare dell'uomo sia per via indiretta (attraverso gli animali da allevamento), sia per via diretta. Da rilevare che caratteristica di questi composti è la elevata persistenza ambientale (a Seveso, 25 anni dopo l'incidente sono ancora presenti tracce della contaminazione). Il tempo di dimezzamento delle concentrazioni nell'organismo umano è di circa 7 anni.

Tra le principali fonti di inquinamento: la combustione incontrollata dei rifiuti urbani e industriali, nonché dei pneumatici; gli impianti di trattamento e recupero metalli (alluminio, rame e piombo); gli impianti di lavorazione mediante fusione delle materie plastiche; i veicoli a motore; gli impianti termici e di combustione della legna. Ma, nonostante la diossina di fatto rappresenti un convitato di pietra sulla tavola dei napoletani, in Campania non esiste un laboratorio in grado di rilevarne il livello nel corpo umano. Nella regione della diossina ci sono 835 laboratori di analisi di cui 700 privati, ma nessuno capace di verificare la presenza di questo veleno nel sangue. Ad Agnano c'è un centro di analisi dell'Arpac, con strumenti idonei per misurare le diossine nelle matrici ambientali. Non è ancora entrato in funzione. Laboratori sono presenti a Teramo, Venezia, e recentemente anche a Reggio Calabria. Il direttore si chiama Domenico Castaldo e, ironia della sorte, è nativo di Acerra.

La «terra dei mazzoni», nel regno della Rifiuti S.p.A.

Il 12 luglio 1998 per l'Italia intera è un giorno qualunque, ma in Campania è quasi una data storica. Una piccola vittoria dello Stato. Alle 12,15 finisce la lunga e leggendaria latitanza di Sandokan, al secolo Francesco Schiavone, capo riconosciuto della camorra casalese ed erede dei vari Bardellino e Iovine, scomparso misteriosamente il primo, ucciso in Portogallo il secondo. Criminalpol, carabinieri e polizia aspettavano da cinque anni il momento in cui Sandokan avrebbe commesso il fatale errore. Era nascosto in un posto non lontano dalla sua villa bunker. Boss indiscusso del clan dei Casalesi, il più violento, il più aggressivo, ma anche quello con attitudini imprenditoriali più spiccate. Un clan che detiene il controllo delle attività illecite della maggior parte della provincia di Caserta con interessi nel nolano e nel basso Lazio e investimenti in Emilia Romagna, Toscana, Lombardia e nel nord Europa. Cemento, narcotraffico, racket, appalti, rifiuti. Tanti rifiuti, tossiconocivi, industriali e urbani. E che ha la sua sede operativa, nell'agro aversano, nella provincia di Caserta, nei comuni di Casal di Principe, San Cipriano d'Aversa, Casapesenna. Un territorio di oltre 100 mila abitanti e dove sono circa 1200 le persone condannate in base al 416 bis, il reato per associazione mafiosa. I beni immobili sequestrati negli ultimi anni dalla Direzione distrettuale antimafia di Napoli ammontano a 750 milioni di euro. La sola famiglia Schiavone gestisce un giro d'affari quantificabile in cinque miliardi di euro. Ben più vasto il giro d'affari del cartello delle famiglie Casalesi: oltre 30 miliardi di euro. Francesco Schiavone è in carcere, condannato all'ergastolo, ma continua, miracolosamente, a pronunciare proclami e a inviare messaggi ai suoi fedelissimi. Il 21 settembre 2005 invia una lettera scritta in stampatello alla «Gazzetta di Caserta». Il giornale la pubblica in prima pagina. Nell'occasione manda tre messaggi. Chiari e precisi. Il primo al clan per respingere le allusioni sul pentimento del suo uomo più fedele, Francesco Bidognetti. Uno di avvertimento alla carta stampata che ha osato scrivere del clan: «Le bugie non si dicono». E il terzo al grande pentito Luigi Diana, che ha permesso ai magistrati di avere il quadro preciso della famiglia dei Casalesi. Linguaggio da duro, da uomo potente. Parole che sfidano lo Stato, vergognosamente uscite da un carcere di massimo sicurezza.

Un clan che anticipa i tempi, e arriva prima anche sulle questioni politiche nazionali. Infatti, mentre in tutto il paese si manifesta contro la privatizzazione dell'acqua, a Castelvolturno, nel casertano, questo bene pubblico era «privatizzato» sin dagli anni Novanta. E non per volontà degli amministratori pubblici: era la camorra, quella potente dei Casalesi, a fornire l'acqua potabile. Nel gennaio 2007, un'inchiesta del pool anticamorra della Procura di Napoli scrive un nuovo capitolo, nella gestione degli affari illeciti della camorra casertana, che ha portato all'emissione di 34 ordinanze di custodia cautelare. Nei fatti la camorra si era sostituita alle autorità comunali e forniva abusivamente, ma a caro prezzo, l'acqua a villette, negozi e ristoranti. E chi rifiutava si trovava la casa bruciata. Un vero e proprio racket dell'acqua.

A raccontare i dettagli dell'affare milionario un pentito di camorra, che nelle carte dell'ordinanza di custodia cautelare svela il meccanismo. «Le villette residenziali costruite agli inizi degli anni '90, sul litorale a destra del Volturno non erano collegate alla rete idrica pubblica. Noi appartenenti al clan la prelevavamo abusivamente dalle condotte e imponevamo la fornitura ai residenti.» La somma richiesta era di circa 500 mila lire per i privati, ma arrivava fino a un milione e mezzo per la costruzione di fontane nei parchi privati. «Attenzione,» racconta il pentito, «era un grosso affare, perché furono realizzate circa 4000 fontane.» E non solo acqua negli affari dei Casalesi. Offrivano tutto e si facevano pagare tutto. Molte case abusive e strade erano costruite dalle ditte delle cosche. E per la sorveglianza delle ville avevano anche un'impresa di polizia privata. Gestivano la raccolta di rifiuti e all'occorrenza avevano anche le ambulanze.

Un clan così potente non poteva che mettere le mani anche sui rifiuti. Sin dall'inizio degli anni '90 i Casalesi hanno incominciato a gestire il traffico di rifiuti. Grazie al loro spiccato senso d'impresa hanno creato una vera e propria rete con società di intermediazione, di stoccaggio, di trasporto, e con questo sistema sono riusciti per decenni a gestire direttamente e con costi «concorrenziali» l'intero traffico. La cosca dei Casalesi ha iniziato a scavare lungo la dorsale casertana con particolare attenzione alle zone di Villa Literno e Baia Verde. Nascondevano rifiuti radioattivi in buche sotto la sabbia. Il materiale altamente nocivo veniva mascherato attraverso insediamenti di vasche ittiche dove però c'erano pochissimi pesci. E quando i palombari specializzati della Procura di Napoli erano pronti a immergersi in questi laghetti artificiali alla ricerca di rifiuti di natura altamente tossica, gli esperti del Genio civile lo sconsigliavano perché far scendere i palombari senza tutele specifiche implicava il rischio di subire danni irreparabili nel caso in cui fossero entrati in contatto con quei materiali sul fondo. Rifiuti e illegalità: è questo il binomio che si è andato consolidando negli anni nella provincia di Caserta, con gravi ripercussioni sull'ambiente, sulla salute dei cittadini e sul regolare funzionamento delle amministrazioni locali. Per i magistrati e gli addetti ai lavori la provincia di Caserta si presenta come un osservatorio privilegiato, dove l'interesse dei «Casalesi» sulla questione ambientale in questa provincia ha assunto un rilievo quantitativo e qualitativo che ha pochi eguali per violenza, aggressione e danni alla salute in altre zone dell'Italia.

«Chi non ha operato sul territorio di determinate zone, probabilmente non può comprendere come si vive: il casertano è per l'appunto una di queste zone [...] e mi rendo conto che è la peggiore zona d'Italia, perché le infiltrazioni camorristiche arrivano a qualunque livello: determinano gli esponenti politici e istituzionali, hanno il controllo del territorio nel vero senso della parola, sono in grado di conoscere qualunque informazione, di sapere quali indagini vengono svolte, in ogni stazione e in ogni compagnia dei carabinieri hanno un loro referente, come lo hanno nei commissariati, in qualunque luogo. È veramente incredibile questa situazione ed è dunque difficile poter operare in una zona come il casertano.»

Un quadro agghiacciante, descritto da un persona che i Casalesi li conosce e li combatte. È Federico Cafiero de Raho, Sostituto procuratore presso la Direzione distrettuale antimafia di Napoli, mentre viene ascoltato dalla Commissione bicamerale d'inchiesta sul ciclo dei rifiuti. E in questo contesto sociale ed economico perché uno dovrebbe meravigliarsi se i rifiuti vengono occultati alla luce del sole? Siamo in terra di camorra. Una camorra con struttura mafiosa che riesce a controllare qualsiasi settore. Ha referenti ovunque. Ne ha anche presso i comuni. Nel casertano sono 116. Diretti o indiretti. I rifiuti sono oro. E come tali devono essere trattati. I Casalesi gestiscono in prima persona l'intero affare attraverso imprenditori di fiducia. Si presentano sul mercato in giacca e cravatta come l'unico soggetto in grado di offrire un servizio efficiente a prezzi vantaggiosi, garantendo il superamento di qualsiasi ostacolo burocratico. Con questa presenza criminale sul territorio, chi potrebbe essere talmente stupido da pensare che a Casal di Principe o nell'area del Casertano un'impresa pulita possa gestire tranquillamente i rifiuti? In questa realtà, sarebbe pressoché impossibile senza aver quantomeno raggiunto un accordo con le organizzazioni criminali della zona, impossibile aggiudicarsi i lavori, ma anche trovare il personale; gli autotrasportatori legati all'organizzazione si rifiuterebbero infatti di lavorare senza il beneplacito e il consenso del clan. Dove potrebbero poi sversare? I siti sono sempre gestiti da persone legate al clan. E, si badi bene, è un clan che può contare su un esercito di 10 mila uomini, che comanda l'intera provincia di Caserta, il basso Lazio e parte della Provincia di Napoli, e che si comporta rispetto a organizzazioni criminali più piccole (ad esempio quelle operanti in provincia di Avellino e Benevento) come il barone con i feudatari. Lavori, paghi la «tassa camorra», e la protezione è assicurata. L'emergenza è subito evidente esaminando l'attività svolta negli ultimi anni dall'ex Procura circondariale di Santa Maria Capua Vetere e da quella di Caserta confluite oggi nella Procura di Santa Maria Capua Vetere. In quattro anni di indagini in campo ambientale, sono stati effettuati ben 1.200 sequestri, dei quali 950 hanno riguardato discariche abusive con un trend sempre più in crescita negli ultimi due anni. Altro dato allarmante della provincia di Caserta sono le cave: delle 220 censite ben l'80% sono risultate completamente abusive. La Procura di Santa Maria Capua Vetere ha avviato indagini specifiche su 40 cave, di cui 20 sono state poste sotto sequestro. Uno dei primi a gestire il traffico dei rifiuti per conto dei Casalesi è un tale Raffaele Statuto, titolare di una società Italbeton con sede a Santa Maria Capua Vetere. È un affiliato ai Casalesi, raggiunto in carcere il 25 novembre del 1995 da un'ordinanza, emessa nei confronti di 146 affiliati all'organizzazione criminale, è la mente imprenditoriale del gruppo, si interessa di finanza. Presso la sua ditta sono state individuate ingenti quantità di rifiuti smaltiti illegalmente. La sua azienda si trova nel centro abitato a testimonianza della totale libertà di azione del clan. Siamo nel 1994. L'azienda viene messa sotto sequestro. Ma i Casalesi sono furbi e fantasiosi. Dopo il sequestro i rifiuti sono temporaneamente smaltiti presso un'azienda di Tortona, in Toscana, fino alla fine del febbraio 1995, quando viene localizzata e sequestrata. Ecco che si devono ricercare nuovi siti per continuare lo sversamento dei micidiali veleni che puzzano di soldi. Senza perdere tempo, l'organizzazione dirotta i flussi dei rifiuti nell'Italia centrale. Nel giro di un anno i rifiuti sono stipati presso siti abusivi a Caparbio, a Grosseto, a Orvieto, Caprinica, Roma. L'operazione è proseguita per tutto il 1996, interessando quasi tutto il paese, a dimostrazione della capacità della criminalità casertana di muoversi su tutto il territorio nazionale e avere, di fatto, il controllo sullo stesso.

E non è certamente un caso che la madre di tutte le inchieste sulla Rifiuti S.p.A. sia avvenuta in terra casertana. È l'inchiesta «Cassiopea», denominata così perché i carabinieri ipotizzarono che presto si sarebbe sversato anche nello spazio. Guidata dal magistrato Donato Ceglie, l'inchiesta rappresenta nel panorama giudiziario italiano dell'ecomafia quello che ha rappresentato il maxi processo per gli attentati a Falcone e Borsellino nella lotta alla mafia.

Dal 1999 al 2002, un'organizzazione criminale denominata «Grande Famiglia», costituita da personaggi di spicco del nord e del sud, trasportatori, titolari di ditte di stoccaggio e smaltimento, con la connivenza di funzionari dell'Asl, ha sversato ogni anno circa un milione di tonnellate di rifiuti pericolosi in terreni, cave, corsi d'acqua, riutilizzandoli poi illegalmente per la produzione di conglomerati bituminosi, nonché di mattoni e laterizi per l'edilizia.

Dalle intercettazioni telefoniche si evince la pericolosità dei rifiuti. Alcuni carichi «problematici» erano di una tale acidità e forza corrosiva da «spaccare» i cassoni di acciaio in cui venivano gettati. Nell'ambito dell'inchiesta, per meglio evidenziare i danni provocati dagli smaltimenti illeciti, è stata affidata una specifica attività di consulenza al prof. Andrea Buondonno, docente presso il Dipartimento scienze ambientali della Seconda Università degli Studi di Napoli. Gli accertamenti hanno riguardato, in particolare, le aree di Santa Maria La Fossa, Grazzanise e Cancello Arnone. Dalla relazione emerge un quadro allarmante: le concentrazioni di cadmio, piombo e cromo sono così elevate da imporre il blocco delle colture sui terreni interessati dagli sversamenti. Il prof. Buondonno conclude la sua perizia sollecitando «la cessazione delle attività agricole e la sospensione del raccolto in località Canale Postillo, nel comune di Santa Maria La Fossa e precisamente nei suoli compresi nell'area del fiume Volturno, a ridosso della strada comunale e la cessazione delle attività agricole e la sospensione del raccolto nei suoli compresi nel raggio di 500 mt dai siti di discarica».

Sempre durante la fase istruttoria, il pm Donato Ceglie richiedeva al Direttore generale e al Direttore sanitario della Asl Ce2, competente per la zona tra l'agro aversano e l'entroterra del litorale domizio (territori sui quali erano state rinvenute e sequestrate le discariche illegali), un'indagine statistica e un monitoraggio delle condizioni di salute degli abitanti. In particolare si chiedeva di accertare eventuali incrementi delle malattie tumorali. Secondo i dati forniti dalla Asl, si è passati da 1.024 richieste di esenzione del ticket per malattie tumorali del 1997 alle 1.419 richieste del 1999.

«In provincia di Caserta» riferisce davanti alla Commissione il magistrato Donato Ceglie, «operava un soggetto, un tale Iavarazzo Tammaro, che ho preso di mira per diversi anni. Praticamente, questo soggetto era destinatario del giro bolla; arrivava a prendere quantitativi di rifiuti fino a 700 tonnellate al giorno senza avere una società, un impianto, un centro di stoccaggio, un sito qualsiasi.»

E la grande massa di denaro guadagnata dai clan Casalesi e affini veniva riciclata in attività immobiliari, nell'alta finanza. In Toscana come in Lombardia, ma anche in Olanda e nelle Antille olandesi. Emblematico il caso del clan La Torre, che a metà degli anni '90 operava nell'area di Mondragone, sotto l'egida dei Casalesi. Legato alla famiglia La Torre in maniera stretta era Giacomo Diana. Un'indagine della Direzione investigativa antimafia di Napoli, in sinergia con quella di Firenze, evidenziava che aveva operato una serie di rilevanti investimenti in Toscana. E non di poco conto. Soltanto dai dati cartolari è emerso che aveva investito circa un miliardo e 100 milioni in strutture turistiche e in altri settori. Alberghi, ristoranti e discoteche. Lo stesso Diana, soprannominato «zio Paperone», a Montecatini viveva in una villa hollywoodiana. Un tenore di vita e un investimento assolutamente sproporzionati rispetto alle sue dichiarazioni. Dalle intercettazioni ambientali arriva la verità. Una verità di discariche e di clan. Per anni Giacomo Diana aveva gestito la discarica Bortolotto, sita nella provincia di Caserta, sempre per conto del clan La Torre. Ma a un certo punto le sue attività manageriali andavano premiate. La storia viene raccontata nei minimi dettagli in un'audizione del 2000 presso la Commissione bicamerale d'inchiesta sull'ecomafia dal Sostituto procuratore della Repubblica presso il tribunale di Napoli, Antonio Guerriero. «A un certo punto, Augusto La Torre, a quel tempo il capo clan, ha detto al Diana che forse era sprecato per quel tipo di attività, avendo capacità manageriali maggiori, e ha trovato un'altra persona, tale Sarnataro, in grado di subentrargli. Ha venduto dunque la discarica Bortolotto per una somma rilevante (circa un miliardo). [...] Secondo quanto ha detto lo stesso Diana nelle intercettazioni delle conversazioni con gli altri complici dell'organizzazione, si è raggiunto questo accordo: il Sarnataro avrebbe continuato a gestire, sempre per conto del clan La Torre, la discarica Bortolotto, versando al clan mensilmente 60 milioni e facendo un regalo al capo clan (20 milioni). Ciò anche perché, gestendo questa discarica, di fatto avrebbe un servizio dal clan, che gli avrebbe consentito di essere destinatario di tutta una serie di appalti nei comuni presenti nella cosiddetta «giurisdizione» del clan. Facendo i conti, attraverso un appalto nella zona di Mondragone e in altre aree, è emerso che metà della somma sarebbe andata in spese per le varie attività e l'altra metà sarebbe stata ripartita tra il clan. [...] I successivi accertamenti [...] hanno portato ulteriori rilevanti sviluppi. Abbiamo accertato che solo sul conto corrente del Diana – parlo solo dei liquidi – sono stati individuati circa 6 miliardi. Al di là degli immobili, eccetera, abbiamo trovato – ripeto – circa 6 miliardi. Abbiamo anche trovato una serie di documentazioni estremamente interessanti che avvalorano il discorso dei collegamenti e del pagamento. Questo è un caso tipico in cui [...] abbiamo la dimostrazione che i proventi derivanti dall'illecito sversamento dei rifiuti sono stati utilizzati dal clan camorristico in un'attività completamente diversa, un'attività turistica in Toscana, attraverso imprenditori che, come cellule, stanno riproducendo in altre aree del territorio italiano gli stessi meccanismi che prima ho descritto.» Del resto è molto più facile rintracciare un assassino con le mani sporche di sangue che risalire agli autori di una transazione bancaria illegale.

Spartacus: un processo oscurato

Si è chiuso il 15 settembre del 2005 il maxi processo alla camorra casalese. Un'inchiesta che, per la prima volta, ha rivelato nei dettagli tutti gli affari di uno dei clan più potenti militarmente ed economicamente del nostro paese. Centinaia di faldoni dove gli affari dei Casalesi, dal cemento ai rifiuti, passando per i grandi appalti, sono stati localizzati, analizzati, individuati. Gli addetti ai lavori lo conoscono per un numero: 3615. Ma per tutti è il processo «Spartacus», dal nome dello schiavo coraggioso che osò sfidare l'impero. Un processo paragonabile, per importanza e complessità, solo al maxi processo di Palermo, quello nato dalle dichiarazioni di Tommaso Buscetta. Una sentenza che chiude sotto il capitolo giudiziario uno dei periodi più bui e sanguinosi della storia criminale della provincia di Caserta. A sette anni e mezzo dall'inizio del processo, dopo 626 udienze complessive, viene riscritta la storia di una fetta della Campania che sembra la Sicilia. Una storia di devastazione ambientale, di *munnezza* doc e di tangenti. Ventuno ergastoli, di cui 5 destinati al solo boss Francesco Schiavone detto Sandokan, 750 anni complessivi di galera per gli oltre 100 imputati del maxi processo. Siamo davanti al processo di camorra più difficile e complesso: 500 testimoni sentiti, 24 collaboratori di giustizia, 90 faldoni di atti, 20 gli studi legali coinvolti, 100 gli immobili confiscati. Una sentenza durissima, che ha messo al muro lo stato maggiore e il gruppo di fuoco del clan dei Casalesi.

Le condanne più dure hanno riguardato il gotha dell'organizzazione. Come Francesco Bidognetti o Francesco Schiamone, cugino e omonimo del boss Sandokan, o ancora suo fratello Walter Schiavone, e i superlatitanti Antonio Iovine e Michele Zagaria. Una sentenza che ha ricostruito la mappa dei clan della camorra dell'area di Casal di Principe, le guerre intestine per il controllo del grande business degli appalti e delle estorsioni, e ha fatto chiarezza su molti omicidi. Ma anche un verdetto, amaro da constatare, passato nell'indifferenza dei mass media, delle istituzioni e dei politici nazionali.

L'avvocato dei rifiuti

A volte ritornano. A distanza di anni. Era il lontano 1992 quando la Procura di Napoli con il processo «Adelphi» evidenziava, per la prima volta in Italia, i contorni di una vera e propria holding criminale dedita allo smaltimento abusivo di rifiuti. Titolari dell'inchiesta i pubblici ministeri Giuseppe Narducci,

Aldo Policastro, Pierluigi Melillo. Erano coinvolti massoni delle logge toscane insieme ai boss Casalesi e a spregiudicati imprenditori aversani. Una vera consorteria mafiosa che gestiva tutte le attività di raccolta, trasporto e smaltimento di ogni tipo di rifiuti. Alcuni furono arrestati e altri evitarono la cattura per un pelo. Come l'avvocato Cipriano Chianese, che per anni aveva gestito la Setri, società specializzata nel trasporto di rifiuti speciali dall'estero. Trasporti irregolari, autorizzati dalla camorra. Ma il procedimento a suo carico si concluse con un nulla di fatto. E l'avvocato fu prosciolto dal giudice per le indagini preliminari. Quegli atti sono confluiti per intero nell'indagine della Dia di Napoli che, dopo 14 anni, ha portato all'arresto di Chianese. Il primo arresto «eccellente» nella lotta all'ecomafia. L'eminenza grigia che dalla fine degli anni '80 è al centro delle più importanti e complesse indagini sul ciclo dei rifiuti. Con un doppio incarico: avvocato del clan, ma anche specializzato nello smaltimento dei rifiuti per conto dei Casalesi.

Il 4 gennaio 2006 l'avvocato-imprenditore, di 56 anni, di Parete (Caserta), viene arrestato per concorso esterno in associazione mafiosa, estorsioni e violazione di sigilli, nell'ambito delle attività di smaltimento illecito di rifiuti condotte dal clan dei Casalesi. E non sarà un caso che l'ordinanza di custodia cautelare emessa nei suoi confronti porti la firma, tra gli altri, del magistrato della Direzione distrettuale antimafia Giuseppe Narducci, la memoria storica del primo processo contro lo stesso avvocato, datato 1992. Secondo gli investigatori, dal 1988 al 1996, Chianese avrebbe agevolato le attività del clan guidato prima da Antonio Bardellino, poi da Francesco Schiavone detto Sandokan. In qualità di imprenditore, avrebbe agito come trasportatore e intermediario nell'ambito della gestione dei rifiuti speciali e pericolosi, mentre come avvocato avrebbe sfruttato i mandati difensivi per portare messaggi tra i singoli partecipanti alle attività mafiose e ai vertici del clan. Avrebbe anche consentito lo svolgimento di riunioni tra gli affiliati. Del materiale d'indagine fanno parte anche intercettazioni telefoniche e dichiarazioni di collaboratori di giustizia. Insomma, è bastato perseverare, continuare a scavare (spesso anche in senso materiale), per far venire alla luce contatti tra camorra, massoneria, colletti bianchi, politici e industriali disinvolti.

E dalle centinaia di fascicoli al vaglio della Procura (interi faldoni di documenti sull'attività di Chianese) lo scenario che emerge è inquietante. Tracce di rapporti che Chianese ha avuto per anni con «alte personalità» della burocrazia regionale, delle province di Napoli e Caserta, degli apparati investigativi. Agli atti ci sarebbero rapporti tra lui e un agente del Sisde, con il quale si sarebbe incontrato almeno in due occasioni.

Sullo sfondo dell'inchiesta, ecco l'emergenza rifiuti che da oltre quattordici anni attanaglia la Campania. Al centro, la gestione delle cave adibite a discariche abusive in località Scafarea, a Giugliano in provincia di Napoli, di proprietà della Resit, società facente capo allo stesso Chianese, e acquisite dal commissariato di governo durante l'emergenza rifiuti del 2003. Impianti che dovevano essere chiusi e bonificati. Invece dalle indagini è emerso che, dal 2001 al 2003, sui siti di smaltimento sono proseguite le attività, con modalità illegali e senza garanzie sufficienti per la tutela ambientale, con numerose e ripetute falsificazioni da parte dell'ex subcommissario di governo per l'emergenza rifiuti. Per l'attività di smaltimento la Resit ha fatturato un importo pari a oltre 37 milioni di euro, 17 dei quali sarebbero stati «effettivamente liquidati e corrisposti».

Di lui scrive la procura antimafia: «Sviluppando alla massima potenzialità le relazioni variamente intessute, ha fornito informazioni riservate agli esponenti di vertice e agli affiliati al clan dei Casalesi, conoscenze da costoro utilizzate anche per prevenire interventi repressivi da parte delle forze dell'ordine, nel caso di reati della massima gravità». Chianese, sostengono gli investigatori, orecchiava notizie utili e ne faceva merce di scambio con la camorra casalese. Offriva anche lo «smaltimento» delle auto utilizzate per commettere omicidi e i suoi uffici per ospitare riunioni riservate tra i capi dei Casalesi. Anni di affari, anzi di malaffari, che hanno portato nelle tasche dell'avvocato un mucchio di soldi. E non deve stupire se all'imprenditore Chianese, dopo l'arresto, siano stati sequestrati 36 ville e 16 milioni di euro in contanti. In attesa del processo, il 14 giugno la Procura di Santa Maria Capua Vetere ha chiesto al giudice dell'udienza preliminare la condanna a tre anni e mezzo.

Chinatown ringrazia

Rifiuti tossici «made in Naples» invadono il mercato asiatico. C'è una rotta che collega la camorra napoletana e casertana con la mafia cinese. L'ecomafia globalizzata. Uno scenario inquietante quello che emerge dalle ultime indagini delle Procure di Napoli, Caserta e Salerno, dai numerosi sequestri effettuati da parte del Nucleo operativo dei carabinieri. Enormi guadagni. La «nuova Eldorado» dell'ecomafia ancora tutta da decifrare. Da mesi al lavoro anche la Procura nazionale antimafia. Sul traffico dei rifiuti si è creata una specie di «joint venture» tra la criminalità nostrana e la triade cinese. Elemento cardine del traffico è il container: a Napoli e Salerno ne passano circa 400mila all'anno. Personal computer, stampanti, telefoni, fax, monitor, cartucce d'inchiostro, televisori, frigoriferi, lavatrici, tutti contenenti sostanze estremamente pericolose come piombo, mercurio, alluminio, rame, cadmio, cromo esavalente, che se non vengono smaltiti o riciclati in modo corretto possono essere causa di gravi forme di malattie per gli esseri umani. Le navi provenienti dai paesi asiatici, Cina in primis, scaricano merce contraffatta, ma non ripartono vuote. Imbarcano rifiuti tossici e speciali. Veleni di ogni tipo. Fusti di vernice, composti chimici, materiali ospedalieri, scarti di pelli bovine, rame dei cavi ferroviari, motori elettrici. Crocevia del traffico dell'«Anonima Rifiuti», il porto di Napoli e Salerno. Qui avviene lo sdoganamento dei container. E da lì vengono imbarcati per Gioia Tauro. Qui vengono caricati su navi più grandi diretti verso la Cina, in particolare a Hong Kong. E non sono teoremi. Siamo davanti a un business molto pericoloso e di proporzioni enormi, ed è tutto documentato. Un fenomeno che riguarda ormai anche gli altri porti italiani. Nel 2006 sono state sequestrate dalle dogane italiane circa novemila tonnellate di rifiuti destinati all'estero, per un valore di circa 3,4 milioni di euro. La metà di questi era diretta in Cina. Un paese che ha bisogno di tutto, in crescente espansione. E secondo gli investigatori Hong Kong non è una destinazione scelta a caso, perché fa parte di quei paesi che hanno una normativa ambientale più permissiva, ma soprattutto offre manodopera a basso costo.

Un lavoratore cinese viene pagato in media 1,5 dollari al

giorno, senza alcuna considerazione per i pericoli derivanti dal contatto diretto con le sostanze tossiche. Più del 90% dei rifiuti esportati in Cina finiscono nel circuito illegale dei piccoli e sperduti villaggi della costa, dove le operazione di smantellamento e recupero dei materiali avviene in ogni angolo, nei garage di casa, in strada, negli orti, il tutto senza la minima precauzione. Ed è facile immaginare le conseguenze sulla salute dei cittadini e sull'ambiente. Tonnellate di rifiuti che potrebbero essere stati riusati nelle costruzioni di viadotti o palazzi nelle periferie delle grandi città. E su tutto l'affare l'ombra dei Casalesi. La camorra casertana, quella più violenta ma anche più imprenditoriale. Quella che per anni ha gestito e gestisce la *mattanza ambientale* in Campania. La pista cinese è la più battuta dai magistrati della Procura di Santa Maria Capua Vetere. Siamo di fronte a un fenomeno molto più pericoloso e insidioso del passato. I gruppi criminali puntano sul circuito internazionale, difficile da individuare e colpire.

Il meccanismo per l'ecomafia globalizzata è semplice, diciamo quasi banale. Un giro bolla, una documentazione che ufficialmente fa sparire il rifiuto pericoloso e lo trasforma in rifiuto innocente, ed ecco che vengono ripuliti – si fa per dire – centinaia di migliaia di rifiuti altamente pericolosi pronti a partire per il mercato asiatico. L'organizzazione criminale è capace di prendere in consegna i rifiuti prodotti in Campania, ma anche da diverse regioni d'Italia, e provenienti dai centri di raccolta per trattarli e smaltirli. Ma l'operazione avviene solo sulla carta, perché nei centri privati, i rifiuti vengono miscelati con fusti di vernice, composti chimici, materiali di risulta ospedalieri. Una volta ricomposti, vengono sigillati e caricati sui container, pronti a partire per l'Asia. Le bolle, in questo caso, riportano la voce più tranquilla e rassicurante di «materia prima». A questo punto per il trasferimento basta un documento di trasporto e non più il formulario previsto dalla legge. Del resto, che sia un affare lo dimostrano i numeri del mercato illegale. I titolari delle imprese italiane e delle discariche, per liberarsi delle proprie scorie in modo legale, pagano, per lo smaltimento di un container contenente 15 tonnellate di rifiuti pericolosi, circa 60 mila euro. Per lo stesso quantitativo, il mercato illegale del trasporto in Oriente chiede solo 5.000 euro. Un risparmio netto a viaggio di 55.000 euro. Una manna. A questi prezzi il numero di viaggi e gli acquirenti non si contano. È la legge del mercato. Dove c'è la domanda, l'offerta è immediata e conveniente. E quando tutto questo viene alimentato dal profitto, è determinante la logica economica in un sistema che per denaro non si fa scrupoli a devastare paesi sottosviluppati. E siccome la criminalità è ben organizzata, prende due piccioni con un solo viaggio. Le navi scaricano nei porti campani magliette contraffatte made in China e tornano in patria con *munnezza* made in Napoli. E la storia «noir» dell'ecomafia globalizzata è pronta ad aprire un nuovo capitolo: i rifiuti pericolosi trattati in Oriente, attraverso procedure sconosciute al mercato e che sfuggono anche ai controlli della legge italiana e comunitaria, tornerebbero in Europa e in Italia sotto forma di prodotti di ogni tipo – da giochi in plastica per bambini a materiale informatico destinato agli uffici – con un alto grado di tossicità.

Campania: 14 anni di ecoballe

Una metastasi che si chiama emergenza rifiuti. In Campania dura da 14 anni, ha infettato anno dopo anno la classe politica, la classe industriale, e ha fatto felice la criminalità organizzata. Un tumore analizzato e diagnosticato in tutte le sue sfacettature. Quattordici anni trascorsi invano. Tutto come prima. Anzi peggio. Una situazione di emergenza che non trova riscontro in alcuna altra realtà locale europea, indegna di un paese civile. Circa 2 miliardi di euro spesi per finanziare un grande carrozzone politico. Maestranze, ingegneri, consulenti, tecnici, politici. Un remake del terremoto. Arrivano soldi, si crea consenso sociale e tutti mangiano. Un carrozzone politico degno della Prima repubblica e degli anni di Tangentopoli. E che riguarda sinistra, centro e destra. Sui rifiuti si realizza il partito unico. Dal manager al politico, passando attraverso i lavoratori socialmente utili. In 14 anni si sono alternati ben 26 uomini di governo, tra presidenti del consiglio, ministri dell'ambiente e commissari straordinari. Tutti responsabili di aver consegnato nelle mani di uno dei gruppi imprenditoriali più importanti del nord, Impregilo della famiglia Romiti, il più grande affare economico degli ultimi dieci anni. Un'emergenza che dura da 14 anni non è più un'emergenza, ma è la normalità. Una normalità che ha le sembianze di una vera e propria guerra. La guerra dei rifiuti. In Campania, nel silenzio assordante dei mass media, opera l'esercito con 600 uomini schierati, 81 ufficiali, 120 sottufficiali e 432 volontari. Per rendere l'idea, la metà di quelli impiegati in Afghanistan. E ci sono 228 mezzi militari, dalle ruspe ai carri, dalle torri di illuminazione ai rimorchi, compresi i blindati bianchi dirottati dalle strade del Libano a quelle dell'hinterland campano, per rimuovere tonnellate e tonnellate di rifiuti dalle strade. E sullo sfondo, una criminalità organizzata silenziosa, sempre pronta a infiltrarsi nella prima crepa. Ha il polso della situazione, sa comunicare il suo messaggio e scegliersi gli obiettivi. La Commissione parlamentare antimafia, nella sua relazione finale del gennaio 2006, descrive la Campania come un «vero e proprio laboratorio nazionale degli accordi corruttivo-collusivi e delle connivenze perverse tra politica affari e criminalità». Una montagna di soldi, corruzione e connivenze.

Un'emergenza infinita

Tutto inizia l'11 febbraio 1994, quando, dichiarato lo stato di emergenza, il governo nomina il primo commissario, il prefetto Umberto Improta. Nel 1996 i poteri si ampliano e passano al presidente della Regione Antonio Rastrelli, quota Alleanza nazionale. È lui che organizza il bando di gara per appaltare la gestione di un ciclo integrato dei rifiuti. Un piano che sulla carta prevede raccolta differenziata, costruzione di Cdr (impianti per la trasformazione dei rifiuti in materiale combustibile), siti di stoccaggio e termovalorizzatori in grado di trasformare i rifiuti in energia. Inizialmente il piano prevede 5 inceneritori e 14 impianti di Cdr, ridotti rispettivamente a 2 e 7. Viene indetta una gara internazionale. Il 19 giugno 2001, commissario Antonio Bassolino, l'aggiudicazione della gara è definitiva.

A vincerla è la Fibe, società del gruppo Impregilo, di proprietà della famiglia Romiti. Una potenza dell'industria italiana. Giornali, imprese, capitale. Vengono sconfitti colossi dell'industria italiana come Enel e Ansaldo. Una gara che privilegiava l'aspetto economico e temporale rispetto a quello tecnico. Infatti, nell'esame delle capacità tecniche, la Fibe riceve un punteggio molto basso: 4,2 su un massimo di dieci. Un progetto giudicato obsoleto dagli stessi membri della commissione esaminatrice. Il dio denaro ancora una volta prevale. Si bada solo al prezzo e ai tempi di realizzazione. E la Fibe in questo campo sbaraglia tutti. Ormai i Romiti sono padroni della Campania. I rifiuti prodotti nella regione sono nelle loro mani. E non solo. All'impresa vincitrice spetta, tra le altre cose, il diritto di scegliere dove realizzare gli impianti. Un modus operandi che, secondo la relazione sulla Campania della Commissione bicamerale d'inchiesta sul ciclo dei rifiuti del gennaio 2006, «avrebbe reso possibili situazioni speculative, che dovevano essere evitate anche perché avrebbero costituito la vera fragilità del sistema, rendendolo facile preda delle infiltrazioni della criminalità».

Parole che pesano. Parole stanche. Rimaste come tante altre solamente scritte su fogli di carta. Anche perché di anomalie ce ne sono altre. Tutto secondo le regole del bando. Come riportato da Enrico Fierro sull'«Unità» del maggio 2006, «un'ordinanza del '98 dell'allora ministro dell'Ambiente Edo Ronchi fissa in dieci mesi i tempi per la costruzione degli impianti di Cdr e in 24 mesi quelli per i termovalorizzatori e nel frattempo il materiale prodotto va collocato in impianti esistenti (cementifici e centrali elettriche) e utilizzato come combustibile. Ma la Fibe non ha in Campania strutture del genere». Ma magicamente nel passaggio tra l'ordinanza del ministero e il capitolato d'appalto quelle due parole, «impianti esistenti», scompaiono. E per l'inceneritore di Acerra, il caso vuole che la Fibe si ricordi di avere la proprietà di alcuni terreni in area Asi, acquistati tempo addietro da agricoltori di Afragola. Dal 2001 passeranno tre anni tra autorizzazioni, licenze, ricorsi, contro-ricorsi e proteste prima di aprire il cantiere. Quando nel 2004 Corrado Catenacci diventa commissario, sostituendo il dimissionario Bassolino, chiede un «aggiornamento di compatibilità ambientale». La commissione, presieduta dal prof. Bruno Agricola, detta 27 prescrizione al progetto. Non saranno mai completamente rispettate. Oggi l'inceneritore è realizzato all'80%. Terminati invece i sette impianti di Cdr. Costruiti male e fuorilegge. E il risultato è sotto gli occhi di tutti. Gli impianti producono materiale non "ecologico", le famose ecoballe, nient'altro che rifiuti indifferenziati, stoccati in aree di parcheggio, in attesa di essere bruciati. Circa sei milioni di ecoballe stoccate tra Giugliano e Villa Literno. Un'ecoballa per ogni abitante della regione. Per bruciarle occorreranno non meno di 45 anni. Nel giugno del 2005, viene rescisso il contratto con la Fibe per gravi inadempienze.

In attesa del nuovo bando di gara, andato deserto più volte, la stessa Fibe-Impregilo continua a gestire gli impianti. E in questo "tsunami" della spazzatura la struttura commissariale ha rappresentato un vero buco nero che in 14 anni ha solo ingoiato e distribuito soldi. Tanti. Circa 2 miliardi di euro. Fino al 2005 la struttura commissariale era composta da 101 dipendenti, con compensi a commissari, vicecommissari e subcommissari di circa 10.000 euro mensili. Progetti ben pagati e mai partiti. Anche se in gioco c'era la lotta all'ecomafia che in Campania la fa da padrone. È il caso del «Progetto Sirenetta», un investimento da undici milioni di euro. Otto milioni già incassati da tre società depositarie del progetto. Un impianto satellitare contro l'ecomafia da installare sui camion. Un grande fratello contro gli ecocriminali in grado di ricostruire i percorsi dei camion dei rifiuti, segnalare le deviazioni, scoprire e monitorare i posti proibiti di carico e scarico. Era previsto il monitoraggio di oltre mille autocarri. In Campania anche le idee costano caro. Perché alla fine il progetto Sirenetta dal 2001 è rimasto solo un'idea.

Per non parlare di assunzioni a raffica per incrementare la raccolta differenziata. Lavoratori socialmente utili, disoccupati organizzati, precari. Circa 2.316 lavoratori con stipendi di oltre 2.000 euro al mese, per 14 mensilità e impegnati in partite a briscola e mai schierati operativamente a combattere la guerra dei rifiuti. Una guerra che viene combattuta dalla magistratura dopo anni di indagini e intercettazioni telefoniche. Il 29 febbraio 2008, il presidente della giunta regionale della Campania, Antonio Bassolino, in qualità di commissario straordinario per l'emergenza rifiuti nel periodo 2000-2004, viene rinviato a giudizio al termine dell'udienza preliminare per le presunte irregolarità nel ciclo di smaltimento dei rifiuti. Con lui saranno processati altri 27 imputati, tra cui ex vertici della Fibe-Imprengilo, come Paolo e Pier Giorgio Romiti, del commissariato di governo per l'emergenza, dirigenti e funzionari di imprese, nonché responsabili di impianti di Cdr. Sono accusati di reati che vanno dalla frode in pubbliche forniture alla truffa ai danni dello Stato, abuso d'ufficio, falso e reati ambientali. Il processo inizierà il 14 maggio davanti alla 5ª sezione del tribunale di Napoli. Nel frattempo, nell'ambito della stessa indagine, vengono sequestrati al gruppo Impregilo 750 milioni di euro e vietata per un anno la contrattazione con la pubblica amministrazione «limitatamente alle sole attività relative allo smaltimento, trattamento e recupero energetico dei rifiuti». Le quotazioni in borsa dell'Impregilo crollano. Oggi il 70% del fatturato proviene da commesse estere. Del resto, dalle 414 pagine del provvedimento emerge uno spaccato di illegalità, di connivenze, di corruzione che umilia l'intera classe politica e industriale del nostro paese. Negli uffici del commissariato tutti maneggiavano le carte, ma nessuno le leggeva. «Fibe, Fisia e Imprengilo» scrivono i magistrati, «erano consapevoli fin dall'inizio che lo smaltimento dei rifiuti non poteva funzionare, ma hanno fatto di tutto per nascondere tale situazione. Ma come è possibile» si chiedono i giudici, «che un'azienda talmente importante firmi un contratto così importante ben sapendo di non poterlo rispettare e comportandosi come piccoli truffatori che nascondono le loro malefatte?» Sarebbe il caso che qualcuno lo ricordasse a Montezemolo, visto che, come presidente della Confindustria, ha probabilmente la sua parte parte di responsabilità nel disastro in Campania.

Camorra nell'emergenza

Nelle crepe dell'emergenza, la camorra ha alimentato i suoi affari. Li ha gestiti, ha saputo scegliere gli interlocutori adatti. Ha lucrato sulla vendita dei terreni per lo stoccaggio delle ecoballe. La maggior parte delle imprese che organizzavano il movimento terra si sono trasformate in imprese per il trasporto di rifiuti. Hanno approfittato della disattenzione istituzionale e delle maglie larghe dei controlli. Basti pensare che, fino al 2004, su diciotto aziende in provincia di Napoli in grado di effettuare la raccolta di rifiuti, solo tre potevano produrre un certificato antimafia «pulito». E se una ditta veniva individuata, in qualche modo rientrava nel giro attraverso il noleggio dei mezzi. La Rifiuti S.p.A. è come una società per azioni: non basta mettere in carcere il consiglio d'amministrazione, bisogna annientare chi ne possiede il know how.

«La condizione emergenziale, che affligge la gestione dei rifiuti in Campania da quattordici anni, ha rappresentato per la camorra la strada attraverso la quale incrementare stabilmente le proprie fonti di reddito ed accrescere il controllo su territorio ed enti locali.» È un'analisi aspra, a tratti dura e senza giri di parole, quella che fa la Commissione antimafia sulla connection camorra-rifiuti in Campania. La commissione «non può prescindere dalla considerazione degli effetti prodotti dall'abnorme perdurare del regime commissariale. La domanda sempre crescente di erogazione di denaro pubblico, spesso destinato al mero mantenimento delle strutture burocratiche di governo dell'emergenza; la creazione di enti di intermediazione (in primis, i consorzi), sovente rivelatisi impropri ammortizzatori sociali, a causa del pesante fardello di lavoratori non impiegati in alcuna attività connessa al ciclo dei rifiuti; la possibilità di derogare alle regole nell'assegnazione di appalti e contratti; la sovrapposizione di competenze con la conseguente polverizzazione delle fasi decisionali hanno posto le condizioni perché la criminalità organizzata potesse agevolmente penetrare in tutti gli snodi decisionali e svolgere il proprio ruolo di intermediazione». La camorra ha quindi messo le mani, stabilmente, sulla gestione dei rifiuti in Campania. L'Antimafia spiega come: «Le imprese camorristiche hanno colto le opportunità offerte dalla condizione emergenziale sfruttandone i gangli più redditizi: dal trasporto dei rifiuti, soprattutto fuori regione, all'individuazione e compravendita dei siti da destinare alle discariche di servizio e all'impiantistica». In questi ultimi anni, «il groviglio di interessi e di inefficienze, di mala amministrazione e interessi criminali, proprio della gestione del nonciclo dei rifiuti, ha esteso le proprie ramificazioni tumorali a tal punto da toccare in modo significativo l'intero sistema politico-economico della Campania, che ha visto nei flussi finanziari connessi all'emergenza rifiuti un'opportunità di gestione del consenso e di avvio di attività imprenditoriali tanto lucrose quanto di asfittico respiro. Non solo: è accaduto che porzioni anche apicali della pubblica amministrazione e della stessa struttura commissariale, in questa condizione di opacità istituzionale e politica, abbiano concluso con imprese collegate alla criminalità organizzata campana vere e proprie joint ventures, consentendo a queste ultime di sfruttare i canali dell'emergenza anche per i traffici illeciti di "rifiuti speciali", con il risultato di incrinare progressivamente il rapporto di fiducia fra comunità locali ed istituzioni». E in questa fase di emergenza continua, con una mancata programmazione a lungo termine, anche la criminalità organizzata si trova in una fase di attesa. Continua a fare affari con i trasporti interregionali. Si propone per garantire lo smaltimento di rifiuti dalle strade.

Ma sul grande affare vuole capire. Anch'essa è spiazzata dall'incapacità e dal disordine di idee e programmazione del governo centrale e della struttura commissariale. Senza un piano, gli ecotrafficanti non possono mettere in atto le loro strategie. La camorra sta affinando i propri strumenti d'intervento. Ha creato società pulite per occuparsi in modo imprenditoriale del post-emergenza ma anche dell'attività di eliminazione e riciclaggio dei rifiuti. Stanarle sarà sempre più difficile. Del resto, l'adeguamento dei vecchi impianti e la riorganizzazione del ciclo dei rifiuti muoverà nei prossimi anni circa 4,5 miliardi di euro. I colletti bianchi dei clan, quelli senza macchia, in molti casi già inseriti nel sistema legale con società all'estero, messe le mani sul ciclo legale dei rifiuti potranno fare il bello e il cattivo tempo. E sarà sempre più difficile capire che cosa entra negli impianti e nelle discariche dello Stato. Una regione dove diventa semplice addirittura realizzare un patto tra camorra, politici, amministratori e funzionari. La dimostrazione che nella regione commissariale le ecomafie sono entrate nella gestione ordinaria dei rifiuti. In molti casi sono più avanti delle amministrazioni pubbliche.

Un'inchiesta giudiziaria della Dda di Napoli del 3 aprile 2007 ha portato a nove arresti e nove indagati. Tra i fermati, Claudio De Biasio, nominato nel marzo del 2007 dal ministro dell'Ambiente Alfonso Pecoraro Scanio subcommissario all'emergenza rifiuti e già manager del Consorzio intercomunale

Caserta4 e che da oltre due anni gravitava negli uffici del commissariato. Una vera e propria megatruffa targata clan La Torre e Bidognetti. Territorio di appartenenza Mondragone e litorale domizio. Terra di camorra. Quella imprenditoriale e aggressiva. Le accuse sono di truffa ai danni dello Stato e di aver favorito gli interessi patrimoniali di due clan: i Casalesi, ramo Bidognetti, e La Torre di Mondragone. Tra i destinatari delle ordinanze i fratelli Sergio e Michele Orsi, amministratori della società mista Eco 4, che garantiva il servizio di raccolta di rifiuti di 18 comuni del casertani. La truffa veniva realizzata attraverso false fatturazioni atte a creare situazioni debitorie fittizie del consorzio Caserta 4 a vantaggio della società dei fratelli Orsi, per un valore stimato di più di 905 mila euro.

Ma nelle oltre 400 pagine dell'ordinanza della Dda si trova ogni genere di illegalità: vendita simulata di azioni, irregolarità per eludere certificati antimafia, stipula di alienazioni di azioni, per un corrispettivo di 9.100.000 euro. Diciotto miliardi di vecchie lire per la vendita del 49% di Eco 4 al consorzio Caserta 4. Come il gioco delle tre carte. Una scatola vuota venduta a 1000 ma che valeva uno. E ancora posti di lavoro, favori ad amici dei clan e politici. Voti di scambio. E non ultimo la camorra. Un patto tra gli amministratori della Eco 4 e la criminalità organizzata. La camorra pagava la camorra. Sembra un paradosso, ma nel ginepraio della Rifiuti S.p.A. succede anche questo. Un sistema collaudato che è riuscito a sconfiggere anche i nuclei speciali messi in campo dai carabinieri. Persino il Nucleo ambiente, guidato dal capitano «Ultimo», che arrestò Totò Riina in Sicilia, e a cui fu affidato il compito di monitorare la situazione criminale sui rifiuti in Campania su De Biasio «non aveva segnalato nulla a riguardo». Grazie al contributo dei collaboratori di giustizia e di pentiti, gli amministratori della Eco 4, legata ai Casalesi, pagava una tangente mensile pari a 15mila euro alla camorra di Mondragone, clan La Torre, in virtù della competenza territoriale vantata dal clan stesso. Una tangente per poter svolgere l'attività sul territorio di competenza del clan e che costituiva una rilevante fonte di reddito criminale del gruppo La Torre, pari ai $^2/_5$ del bilancio mensile. «Uno scenario inquietante, commistione tra controllori e controllati» ha dichiarato Franco Roberti, procuratore aggiunto della Dda, «dove un gruppo locale di Mondragone arriva addirittura a fare un accordo con il clan di Bidognetti con soldi pubblici.» Ora si capisce meglio come sono svaniti i milioni di euro per l'emergenza rifiuti in Campania. E uno dei boss del clan Bidognetti, il collaboratore di giustizia Domenico Bidognetti, cugino del boss dei Casalesi Francesco Bidognetti, alias «cicciotto e' mezzanotte», porta all'arresto di un boss emergente nella camorra casertana, Giorgio Marano. Un'inchiesta della Procura di Napoli per la prima volta consente di ipotizzare la presenza di un esponente di primo piano della camorra «vincente» nel settore dello smaltimento rifiuti, che gestisce l'affare dall'inizio alla fine (o per dirla con le parole di un indagato, «dalla culla alla tomba»).

I reati ipotizzati sono di concorso in traffico illecito di rifiuti e truffa aggravata ai danni del Commissario di governo per l'emergenza rifiuti, della regione Campania e degli enti locali interessati alla raccolta e allo smaltimento di rifiuti. Giorgio Marano è un boss di prima categoria, condannato in primo grado all'ergastolo nel processo «Spartacus», il mega processo contro il clan dei Casalesi. Di lui così parla il pentito Bidognetti: «È un ragazzo di poche parole ma di grande potenza, tuttora affiliato ai clan, in quanto chi è affiliato o vi resta per la vita o esce dal clan da morto». La sua potenza è cresciuta, approfittando dell'uscita di scena di vecchi boss. Controlla l'intera zona, quella che prima era sotto l'egida di Biondino e di De Simone. È lui a comandare, a impartire le direttive e gestire gli affari della *munnezza*. Un affare grosso. Di soldi e di veleni. In cinque anni sono state «tombate» nei terreni del casertano, tra Frignano e Villa Literno, circa 8mila tonnellate di rifiuti provenienti dalle aziende della Lombardia, per un giro d'affari di circa 400.000 euro. Nelle oltre 100 pagine dell'ordinanza del Gip si racconta la storia del ciclo dei rifiuti *made in Casalesi*. Nomi di società, terreni, cifre e date.

«Ma quali droga ed estorsioni, la miniera d'oro sono i rifiuti!» Così il pentito Bidognetti riassume davanti ai giudici l'affare colossale. Il tutto avveniva sempre nello stesso modo, quello raccontato nelle tante inchieste portate avanti in tutta Italia dalle diverse procure. Un impianto di compostaggio a Trentola Ducenta, sempre nel casertano, riconducibile ai fratelli Roma, indagati già in diverse inchieste sui rifiuti, che avrebbe dovuto «lavorare i rifiuti e trasformarli in compost». Ma i rifiuti provenienti dal nord, tonnellate di porcherie di ogni tipo altamente pericolose, non venivano davvero trattate. Anzi, non entravano per nulla nell'impianto. I fanghi tossici venivano scaricati nei terreni, preventivamente affittati su ordine del boss. E pagati anche profumatamente. Dai due ai tre milioni di vecchie lire a ciascuno dei proprietari dei fondi agricoli. In un interrogatorio Domenico Bidognetti rivela i dettagli: «Avevamo il controllo totale, tutto gestito dal clan. Cento euro al chilo. Ogni camion porta trentamila chili, trenta tonnellate. Ogni giorno sette viaggi, per cinque giorni alla settimana». Il sabato e la domenica anche per i boss il riposo è sacro. E con un guadagno elevato. La premiata ditta dei Casalesi entravano sul mercato con un prezzo concorrenziale, 130 delle vecchie lire al chilo per smaltire fanghi di conceria. Meno della metà del prezzo necessario per smaltirli in modo legale. Una manna per le industrie del nord che dovevano smaltire. Idem per le casse del clan. E davanti ai soldi, non c'è salute che tenga.

Finalmente sfatato il falso mito di una camorra che non danneggia il proprio territorio: i luoghi trasformati in discariche altamente inquinanti si trovano proprio nel cuore della zona controllata dalle cosche.

Ultim'ora

Una telenovela infinita come quella dell'emergenza rifiuti non poteva non arricchirsi di notizie dell'ultim'ora. Due avvenimenti, due fatti di cronaca che riguardano la Campania, ma che per l'ennesima volta rappresentano la fotografia della situazione politica e sociale del nostro paese. Anche questa volta ignorate dalla stampa nazionale. Ciò che succede a 200 km da Roma, capitale della politica, ormai riguarda solo la Campania e i suoi cittadini. Il 20 febbraio 2008, con un'ordinanza firmata dal presidente del Consiglio Romano Prodi, pubblicata sulla «Gazzetta Ufficiale» del 29 febbraio, si autorizza che le ecoballe di rifiuti accumulate nei siti di stoccaggio disseminati sul territorio regionale potranno essere bruciate nel termovalorizzatore di Acerra, una volta che sia stato ultimato. Stiamo parlando di quelle ecoballe certificate dalla magistratura come "non ecologiche", perché non rispondenti ai requisiti richiesti dalla legge. Un vero e proprio regalo alle multinazionali interessate a gestire, con il nuovo bando di gara, il termovalorizzatore di Acerra. Una legge per garantire il massimo profitto alla nuova classe industriale che dovrà gestire il ciclo dei rifiuti in Campania. Da un lato, la futura impresa non dovrà mettere mano al portafoglio per trasportare le ecoballe in altri impianti, e dall'altro, potendoli bruciare nell'inceneritore di Acerra, potrà vendere l'energia derivante alle tariffe agevolate previste per la produzione di energia da fonti rinnovabili. Nel paese di Biùtiful cauntri con un colpo di mano si potranno bruciare i corpi del reato. Per la felicità, ancora una volta, dei cittadini della Campania. Per loro, ancora veleni e bollette più care. Contemporaneamente, lo scorso 19 marzo 2008, nei territori della provincia di Caserta, un'operazione della Direzione distrettuale antimafia indaga 109 persone tra allevatori e produttori di mozzarella nelle province di Napoli, Caserta e Avellino. Scioccante l'ipotesi di reato: avvelenamento di sostanze alimentari tramite diossina. Ispezionati 29 caseifici e 112 allevamenti. Sono state sequestrati prodotti caseari e campioni di latte. Saranno effettuate le controanalisi per accertare l'eventuale presenza di diossina. Nei controlli a campione, condotti tra novembre 2007 e marzo 2008, è stata accertato un livello di diossina superiore alla soglia di legge di sei picogrammi per grammo di grasso, ma non sono state individuate le cause. In attesa del risultato delle nuove analisi per individuare da dove proviene il latte con i veleni, gli allevamenti continuano a funzionare, così come continua la produzione. In gergo si chiama sequestro preventivo.

Le ultime parole famose

Le responsabilità del disastro della Campania si possono leggere anche nelle dichiarazioni, negli annunci e nelle promesse, che politici, uomini di governo, sindaci e presidenti hanno rilasciato lungo questi 14 anni di tragedia ambientale, democratico e civile. Ripercorrendole, si ha l'ennesima conferma dell'inadeguatezza, dell'incapacità di un'intera classe politica. Siamo un paese con poca memoria e, come scrive Gherardo Colombo nel libro *Il vizio della memoria*, anche la poca che abbiamo «viene disprezzata da coloro che hanno costruito il sistema e da coloro che ne hanno tratto vantaggio. Ma ho timore che la memoria non sia tenuta in conto neanche da chi con impegno e rigore vuole che si esca dal sistema, vuole contrastare la corruzione e riaffermare un modo di vita civile. Il timore è che anche le persone per bene non abbiano sufficiente memoria. E se anche gli uomini di buona volontà non hanno memoria, questo paese è in un vicolo cieco».

«La gestione da parte delle organizzazioni mafiose del ciclo dei rifiuti può essere attualmente ritenuta altrettanto appetibile, in termini di guadagno, del traffico degli stupefacenti.»

Altero Matteoli, Ministro dell'ambiente, Ansa, 5 dicembre 1994

«La criminalità organizzata ha individuato nella tutela del territorio l'anello più debole della legislazione italiana e in questo buco nero si è saputa inserire per sfruttare al meglio l'incapacità dello Stato.»

Enrico Fontana, curatore del rapporto Ecomafia di Legambiente,
«il manifesto», 6 dicembre 1994

«I reati contro l'ambiente diventeranno penali ed entreranno nel codice.»

Pier Luigi Vigna, Procuratore nazionale antimafia,
«La Stampa», 18 marzo 1999

«Entro due settimane arriverà sul tavolo del Consiglio dei ministri il testo del provvedimento che provvede un apposito titolo, il 6 bis, che prevede i delitti contro l'ambiente nel libro secondo del codice penale, così che i reati che ora prevedono la contravvenzione non vadano più in prescrizione.»

Edo Ronchi, Ministro dell'Ambiente, «osservatore Romano»,
21 marzo 1999

«Caro Presidente, Caro Papa, non vogliamo vivere tra i rifiuti.»

Lettera di una bambina di Nola, provincia di Napoli,
«Corriere della Sera», 19 febbraio 2001

«Entro luglio impianti di combustione e termovalorizzatore.»

Antonio Bassolino, Presidente della regione Campania e Commissario
straordinario emergenza rifiuti, «Il Mattino», 3 marzo 2001

«Nell'emergenza bisogna stare attenti ai privati: ci sono ditte non sempre in regola, spesso in odore di camorra, che hanno già proposto di utilizzare i propri impianti di vagliatura. Se questo avvenisse, sarebbe in pericolo la credibilità dello Stato.»

Massimo Scalia, Presidente commissione ecomafie, 3 marzo 2001

«Carissimi, avete recentemente esposto alcuni pericoli che minacciano il vostro territorio. [...] Il Santo Padre augura che le autorità competenti possano trovare al più presto una soluzione soddisfacente al problema da voi presentato.»

Lettera del Papa, «Il Mattino», 14 marzo 2001

«Le cosche sperano che si tornino a smaltire i rifiuti nelle discariche. Non lo consentiremo.»

Antonio Bassolino, Presidente della regione Campania,
«Il Sole 24 Ore», 22 marzo 2001

«Occorre spiegare alla gente che gli impianti da costruire saranno realizzati con tecnologie sicure e tenuti costantemente sotto controllo.»

Antonio Bassolino, «Corriere della Sera», 25 marzo 2001

«Nel giro di qualche settimana al massimo usciremo dalla più acuta emergenza.»

Enzo Bianco, Ministro degli interni, «Corriere della Sera», 28 marzo 2001

«Non credo che sia possibile invertire la crescita della quantità di rifiuti prodotti. Intendiamoci, è encomiabile che ci si sia provato, ma si è rivelato solo un sogno che ci ha fatto perdere tempo e denaro.»

Altero Matteoli, Ministro dell'ambiente, «Il Giorno», 24 ottobre 2001

«Saranno adottati strumenti straordinari che prevedano la realizzazione degli impianti con la massima sicurezza dei cittadini e con interventi che riducano drasticamente il grado di inquinamento esistente nelle zone interessate.»

Altero Matteoli, Ministro dell'ambiente, «Il Mattino», 8 maggio 2003

«La Campania è uno dei territori più esposti ai fenomeni di criminalità ambientale [...]. Mantenere un elevato livello di attenzione sia verso la fase di aggiudicazione degli appalti dei servizi attraverso la quale i clan potrebbero ottenere il controllo di un importante settore imprenditoriale.»

Gianni De Gennaro, capo della Polizia, «Il Mattino», 21 maggio 2003

«Sono ottimista, sono convinto che riusciremo ad uscire da questa situazione. Ma per farlo dobbiamo metterci subito al lavoro.»

Corrado Catenacci, Commissario emergenza rifiuti, «Avvenire», 30 marzo 2004

«Promettiamo di erigere barricate nel caso arrivassero camion pieni dell'immondizia campana.»

Roberto Cota, Segretario Lega nord, «La Stampa», 10 aprile 2004

«Non fa piacere a nessuno ricevere rifiuti, ma è una questione che riguarda l'intero paese. Oggi tocca alla Campania ma, per quello che sto vedendo in questi giorni, non è detto che domani il problema non possa riguardare le altre regioni.»

Guido Bertolaso, Capo della protezione civile, «la Repubblica», 19 aprile 2004

«Il problema è il commissariamento. Il commissariamento è nominato dal governo e solo il governo può revocarlo. Quando saremo autonomi non avremo più di questi problemi e potremo gestirci la raccolta e smaltimento dei rifiuti in maniera diversa.»

Rosa Russo Iervolino, Sindaco di Napoli, «Il Mattino», 12 maggio 2004

«L'emergenza rifiuti è una priorità nazionale e come tale deve essere affrontata da tutto il Parlamento. Va introdotto il delitto ambientale nel codice penale. [...] Non so se partirà la realizzazione dei termovalorizzatori. Se ci si riuscirà, ci vorranno tre anni. Il nodo non sono gli impianti ma la gestione in questi 36 mesi nei quali si accumuleranno 8,5 milioni di ecoballe.»

Paolo Russo, Presidente commissione parlamentare ecomafia, «Il Messaggero», 31 luglio 2004

«Il nuovo decreto ci mette nelle condizioni di superare il vecchio piano. Con il nuovo si punterà su un forte sviluppo della differenziata attraverso un migliore funzionamento degli impianti, minore quantità di immondizia da bruciare, minore frazione organica stabilizzata da inviare a discarica.»

Antonio Bassolino, Presidente regione Campania, «Il Mattino», 2 dicembre 2005

«Non credo nell'assioma più galera più tutela dell'ambiente. Le norme esistenti sono sufficienti. La galera è sempre una sconfitta per la società; è meglio prevenire. Non credo che introdurre il delitto ambientale nel codice penale rappresenti un deterrente molto forte. Le norme che devono colpire chi commette reati ci sono, servono più percorsi di educazione e sensibilizzazione.»

Altero Matteoli, Ministro dell'ambiente, «Il Mattino», 26 gennaio 2005

«C'è chi sostiene che all'interno dei Cdr entrano rifiuti ed esce spazzatura sotto mentite spoglie. Ma non è così. Attraverso l'impegno che Catenacci sta portando avanti da diversi mesi, con grande fatica e sacrificio personale, siamo riusciti a perfezionare gradualmente il ciclo produttivo, facendo in modo che dagli impianti escano ecoballe di primissima qualità, utilizzabili per tutti gli usi consentiti dalla legge.»

Guido Bertolaso, Capo della protezione civile, «Il Mattino», 26 febbraio 2005

«Ricominciamo da capo. Non si tratta di voltare pagina ma di cambiare libro. Prendo l'impegno di uscire dall'emergenza presto, molto presto, dieci giorni al massimo per togliere dalle strade la spazzatura.»

Guido Bertolaso, Commissario emergenza rifiuti Campania, «la Repubblica», 10 ottobre 2006

«I campani che vivono vicino ai siti di smaltimento illegale si ammalano e muoiono di più. Lo evidenzia un'indagine sanitaria dell'Organizzazione mondiale della sanità in collaborazione con il Cnr, l'Istituto superiore di sanità.»

«Corriere del Mezzogiorno», 13 aprile 2007

«Sono ottimista, la Campania uscirà dall'emergenza. So che è una questione complessa, ma il lavoro fatto finora mostra che siamo sulla strada giusta. Per me sarà importante il dialogo con le popolazioni.»

Alessandro Pansa, Commissario straordinario emergenza rifiuti Campania, «La Stampa», 7 luglio 2007

«Il Veneto non ha avvelenato la Campania. Qui il mercato dello smaltimento è legale e le istituzioni fanno più controlli.»

«Il Gazzettino», 16 gennaio 2008

«Chiariamolo subito: qui c'è una forte emergenza rifiuti, ma non c'è alcuna emergenza salute.»

Livia Turco, Ministro della salute, «Il Giorno», 3 febbraio 2008

«I dati dimostrano come nelle aree dove c'è stata una forte pressione ambientale, dovuta a discariche abusive e sversamento di rifiuti tossici e nocivi, la popolazione che vi ha vissuto abbia avuto un rischio maggiore di mortalità generale e un aumento della mortalità da tumore.»

Roberto Bertollini, dal 1991 al 2007 responsabile ufficio ambiente e salute per l'Europa dell'Oms, «La Nazione», 3 febbraio 2008

«Il piano va avanti, riapriremo le discariche.»

Gianni De Gennaro, Commissario emergenza rifiuti Campania, «Corriere della Sera», 4 febbraio 2008

«Non esiste alcuna relazione tra emergenza rifiuti e la mortalità campana, erroneamente ritenuta in aumento per tumori. Lo studio dell'Oms e dell'Istituto della Sanità è un cattivo studio, un'analisi avviata legittimamente, forse promozionata troppo in fretta e successivamente smentita da tutte le cifre in possesso dell'Asl4 e dell'Osservatorio epimediologico della Campania.»

Donato Greco, Capo dipartimento ministero della Salute, «la Repubblica», 6 febbraio 2008

«Rifiuti tossici dal Veneto alla Campania: condannate due ditte che scaricavano idrocarburi a Bacoli, Acerra e Giugliano.»

«la Repubblica», 9 febbraio 2008

«La gente aveva ragione, le discariche individuate non possono riaprire perché i tecnici del genio militare hanno documentato la presenza di infiltrazioni di percolato, di discariche abusive di gravi rischi geostatici.»

Gianni De Gennaro, Commissario emergenza rifiuti, «La Stampa», 17 febbraio 2008

«Cento giorni per sistemare gli impianti di selezione dei rifiuti, da tre a sei mesi per far decollare le nuove forme di gestione del ciclo e cinque anni per smaltire tutte le ecoballe, senza bruciarle. Sono i tempi che l'Assessore all'ambiente della regione Campania, Walter Ganapini, prevede per uscire dalla crisi.»

Ansa, 15 marzo 2008

«Emergenza rifiuti chiusa entro il 7 maggio.»

Romano Prodi, «la Repubblica», 19 marzo 2008

Nota

Il lavoro di ricostruzione si basa sulla lettura e la rielaborazione di atti giudiziari, delle relazioni della Commissione bicamerale d'inchiesta e della Direzione distrettuale antimafia, e su incontri e conversazioni con profondi conoscitori del rapporto tra rifiuti, criminalità e imprenditoria deviata, primi fra tutti il magistrato Donato Ceglie e Raffaele Del Giudice. Ma soprattutto la cronologia, la storia di questo viaggio, è stata possibile grazie al lavoro che da oltre dieci anni Legambiente ha svolto con i suoi rapporti annuali sull'ecomafia. A Enrico Fontana, Nunzio Cirino Groccia e Stefano Ciafani, amici e compagni degli «albori dell'ecomafia», un ringraziamento dovuto e di cuore.

Un ringraziamento particolare a Simona Brandolini, Fabrizio Geremicca, Antonio Esposito: i loro articoli sono stati fonti privilegiate per il lavoro di ricerca.

Indice

Acerra e la diossina
Montefibre
territori di pascoli

Finito di stampare nel maggio 2008 presso
Grafica Veneta - via Malcanton, 1 - Trebaseleghe PD

Printed in Italy

Salerno → raccolta differenziata
rogo

17-18 fotocopia
p. 19-20 dopo terremoto